1%.
Die Schaffung und Erhaltung einer deutschen Schlachtflotte.

Clausewitz 1828: „Hätte es einen Kriegsminister mit gehöriger Machtvollkommenheit gegeben, ... so würde man darauf gekommen sein, das Heer dem neuen Kriegswesen.... angemessener einzurichten, das Heer und mit ihm den Krieg nicht auf ein Paar Tonnen Goldes im Schatz, sondern auf die ganze Nationalkraft zu basieren .... man würde dem Geist des Volkes im voraus diese Richtung gegeben .... man würde alle Federn stärker gespannt haben, um sich als ein großes Sparta zu zeigen."

1899: „Wir haben die Menschen, wir haben die Technik, wir haben das Geld, und es ist Verbrechen und Verrat am Vaterlande, wenn wir nicht einen angemessenen Teil unseres Nationaleinkommens für das, was fehlt, für die Schiffe, verwenden."

1%.

Die
Schaffung und Erhaltung
einer
deutschen Schlachtflotte.

Von

Adolph von Wenckstern.

Leipzig,
Verlag von Duncker & Humblot.
1899.

Alle Rechte vorbehalten.

Inhaltsverzeichnis.

		Seite
Einleitung: Neue Aufgaben seit 1897		1
I.	Die Notwendigkeit einer starken Seemacht	3
II.	Die Notwendigkeit einer starken Schlachtflotte	28
III.	Generalstandpunkt in seemännischer, technischer und wirtschaftlicher Hinsicht	34
IV.	Entwurf für Bau und Erhaltung einer Schlachtflotte von 57 Linienschiffen, 15 großen und 36 kleinen Kreuzern	44
V.	Das Ausland	60
VI.	Schlußwort	63
	Tabelle	64

Einleitung: Neue Aufgaben seit 1897.

Ein Jahr ist verflossen, seitdem zum ersten Mal in Deutschland, abgesehen von dem Versuche unmittelbar nach 1870, ein „organisatorischer" Entwurf für die Schaffung einer Flotte Gesetz geworden ist, — einer Flotte, welche ihren Namen verdient, welche durch ihre Formation innere Berechtigung ihres Daseins haben wird: wenn erst die Bestimmungen des Gesetzes in der Gestalt von Schiffen auf den Meeren kreuzen.

Neben den Freunden und Gegnern der 98er Vorlage gab es eine ganze Reihe von Persönlichkeiten, welche ihr gegenüber sich zunächst Schweigen auferlegten — nach dem Grundsatze, daß das Bessere des Guten Feind sei, ganz besonders in solchen entscheidenden Augenblicken, in welchen die Wahrscheinlichkeit besteht, das Gute durchzusetzen, während die Stimmung für die Erreichung des Besseren — und nicht bloß die Stimmung, sondern auch die Einsicht der denkenden Köpfe dem Besseren noch nicht gewonnen ist.

Heute, im Jahre 1899, ist es aber an der Zeit, eine Revision der Gesichtspunkte vorzunehmen, welche im Jahre 1898 durchdrangen, und vor allem nachzusehen, ob nicht vielleicht solche vorhanden sind, welche damals nicht genügend entwickelt waren, oder welche sich erst heute ganz klar erfassen lassen.

Drei Fragen, bei deren Behandlung, für den Kenner sofort ersichtlich, sich diese beiden Operationen, Revision der alten und Berücksichtigung neuer Momente, vermischen, erheben sich für den denkenden Beobachter der Notwendigkeiten der politischen und wirt=

schaftlichen Entwicklung. Zu ihrer Auslösung bedurfte es für ihn der Augenblicksfrage im Stillen Ocean nicht: aber als äußerlicher Anlaß hat sie nach der Richtung hin gewirkt, in den weitesten Kreisen der Bevölkerung die Aufmerksamkeit auf diese Verhältnisse wieder wachzurütteln.

Wozu brauchen wir überhaupt Schiffe, — welche Schiffe müssen wir als Typ wählen, — welche Mittel — das Wort im weitesten Sinne gefaßt — stehen uns zur Verfügung, das Erforderliche herzustellen und zu erhalten?

I.
Die Notwendigkeit einer starken Seemacht.

Es ist notwendig, den Gedanken ernsthaft durchzudenken, welcher zu der Zeit, als er zu ganz bestimmten Zwecken von einer hervorragenden Persönlichkeit ausgesprochen wurde, welche als ein Meister die Kunst übte, ausschließlich konkret, niemals abstrakt zu sprechen und Politik des größten Stils — aber immer eine Politik von Fall zu Fall durchzuführen, seine besondere Bedeutung gehabt hat: **politische und wirtschaftliche Verhältnisse müssen in der großen Politik aus einander gehalten werden.**

Denn das ist doch wohl der Sinn des berühmten Ausspruchs des Fürsten Bismarck, nicht etwa der andere: daß wirtschaftliche und politische Dinge nichts mit einander zu schaffen haben. Dieses letztere findet seine Widerlegung durch die Geschichte aller Zeiten. Wie sie die Basis jeder anderen menschlichen und gesellschaftlichen Bethätigung sind, so sind die wirtschaftlichen Verhältnisse und ihre gesunde Regelung auch die Grundlage jeder, die Voraussetzung einer erfolgreichen Politik. Jeder unserer großen Kulturstaaten hat in der Regelung seiner eigenen Wirtschaftsverhältnisse besondere Probleme durchzuführen, und in ganz verschiedenem Grade sind die Struktur der Gesellschaft und die Entwicklungstendenzen, die in jeder Gesellschaft vorhanden sind, lose oder innig mit dem Zustand oder den Änderungen in der Wirtschaft verknüpft. Wenn es so für den einzelnen Staat möglich ist, energische Änderungen der Wirtschaftsweise anzuregen oder sich auswachsen zu lassen, die aber einen solchen Charakter haben, daß sie die gesellschaftliche und staatliche Struktur in allen wesentlichen guten Stücken wenig und dann auch noch günstig beeinflussen, so kann es doch andere Veränderungen der Wirtschaftsweise geben, die an sich klein und unscheinbar sind, wenn man nur den wirtschaftlichen Maßstab anlegt, die aber vollständige Umwälzungen unter den gesellschaftlichen und staatlichen Machtfaktoren im Keim mit enthalten, und denen sich der Staatsmann deshalb unter Umständen mit Händen und Füßen widersetzen wird.

Wenn verschiedene Staaten mit einander in politischen Verhandlungen stehen, und wenn neben dem Gesichtspunkt Politik auch die wirtschaftlichen Verhältnisse nach Berücksichtigung drängen, kann es vorkommen, daß ein Hinüberspielen der eigentlich politischen Fragen auf das Wirtschaftsgebiet an Dinge rührt, welche einem oder jedem der kontrahierenden Teile sonst wünschenswerte politische Abmachungen zur Unmöglichkeit machen. Für solche Fälle gilt der Bismarcksche Grundsatz ohne weiteres, unmittelbar.

Sowie aber die Dinge so liegen, daß die wirtschaftlichen Verhältnisse tiefgehende Änderungen notwendig machen, daß es ein höheres Interesse für den Staat darstellt, auf wirtschaftlichem Gebiete freie Hand zu behalten, schlägt die Wage um, es wird — scheinbar — unmöglich, die Trennung aufrecht zu erhalten.

Je mehr Berührungs- und zugleich Streitpunkte zwischen kontrahierenden Parteien geschaffen werden, desto größer wird die Schwierigkeit, zum Einverständnis zu gelangen. Also kommt es darauf an, das Eintreten solcher Situationen zu verhindern. Der tiefste Sinn des Wortes ist der: **daß der Staat, ohne den Ballast gleichzeitiger schwebender politischer Verhandlungen wirtschaftliche Direktionen einzuschlagen und erst auf Grund vollendeter Thatsachen dann erneut politisch zu verhandeln hat.**

Man könnte das so formulieren: in politischen Fragen fortwährend Hand in Hand gehen, fortwährendes Sichverständigen, weil hier auf diesem Gebiet die großen Organe, eine Jahrtausende alte Tradition und das stete Bewußtsein der Gefahr die sicheren Leitsterne sind, welche allen Beteiligten den nötigen Grad von Mäßigung in ihren eigenen Interessen anbefehlen.

Anders bei der Entwicklung der Wirtschaft, die nach Land und Volk so unendliche Verschiedenheiten aufweist, so notwendig in jedem Moment neue Interessengegensätze schafft, daß hier jeder Staat seine Souveränetät mit der größten Schroffheit aufrecht zu erhalten streben muß: die innere Entwicklung Deutschlands muß von seinen eigenen Notwendigkeiten und Wünschen bestimmt werden, nicht von den Notwendigkeiten und Wünschen, die in den anderen Kulturstaaten rege werden.

Ist aber dieses der tiefste Sinn des Bismarckschen Grundsatzes — so ist er aufgebaut auf einer stillschweigenden Voraussetzung: nur der Staat kann ihn dauernd zum Richtungspunkt seiner Gesamtpolitik nehmen, welcher genügende Stärke besitzt, um vor einem Angriff jeden möglicherweise zum Gegner werdenden wirtschaftlichen Konkurrenten abzuschrecken, um unter allen Umständen Gewehr bei Fuß von jedem noch so Mächtigen gegenüber der inneren Entwicklung zu erzwingen.

Die europäische und amerikanische Welt gliedert sich am Ende des Jahrhunderts in drei ganz scharf charakterisierte Gruppen. Eine große Masse von kleinen, wirtschaftlich und politisch unentwickelten Staaten, zusammen mit einzelnen wirtschaftlich hoch entwickelten, aber politisch wenig mächtigen, bildet die erste Gruppe.

In Europa gehören hierher Holland, Belgien, Dänemark, Rumänien, Griechenland, die Balkanstaaten, die Schweiz; jenseits des Oceans kann man vielleicht die Mehrzahl der mittel- und südamerikanischen Staaten dieser Gruppe eingliedern.

Eine zweite Gruppe besteht aus Mächten, die nach Territorialumfang und Volkszahl, nach alter Wirtschaft und Kultur eine große Machtstellung einnehmen, die aber durch irgend welche Verhältnisse augenblicklich in ihrer Bewegungsfreiheit wirtschaftlich und politisch gelähmt sind. Hierzu gehören Spanien und die Türkei in erster Linie; vielleicht kann man zu ihnen, wenn auch dieses letztere schon einen Übergang zu der letzten Kategorie darstellt, auch Japan rechnen.

Endlich haben die Führung in Wirtschaft und Politik ganz wenige große Gemeinwesen an sich gerissen, von denen einzelne durch ihre bisherige Entwicklung außerordentlich bevorzugt sind, insofern sie einen besonders expansiven Charakter getragen hat, andere im Rahmen verhältnismäßig bescheidener Gebiete doch eine enorme Intensifikationsfähigkeit aufweisen.

Zu den ersteren gehören England, Rußland und die Vereinigten Staaten von Nordamerika, zu den letzteren Frankreich, Österreich-Ungarn, Italien und Deutschland. Dadurch, daß Frankreich sich an Rußland anlehnt, daß Italien und Österreich im Dreibund mit Deutschland vereinigt sind, hat sich augenblicklich ein vierköpfiges System der Vorherrschaft in der Welt gebildet. Für die kleineren unter diesen Großstaaten bedingt ihre Zugehörigkeit zu dieser ersten Klasse ihr Zusammenschluß — im Dreibund — oder ihr Anschluß an einen der großen, wie im Falle Rußlands und Frankreichs. Anschluß giebt Macht: was auch für Japan gilt. Von seinem Willen wird es abhängen, sich, insbesondere bei der Regelung der ostasiatischen Verhältnisse, bestimmt nach einer Seite zu schlagen. Auch die kleinen Staaten der ersten Gruppen können durch solchen Anschluß Macht gewinnen.

Eine ganz eigenartige Stellung nimmt endlich jene große wirtschaftlich politische Einheit ein, von welcher vor noch nicht langer Zeit Nationalökonomen und Staatsmänner annahmen, daß sie neben Rußland, England und den Vereinigten Staaten von Nordamerika die vierte Großmacht sein würde, nach deren Entwicklung die aller anderen Volksgemeinschaften erst in zweiter Linie zählen möchte: das chinesische Reich.

Politisch seit Jahrtausenden unter einer centralen Regierung vereinigt, wirtschaftlich in uralten Produktionsweisen erstarrt, social in einer schroffen, durch unendliche Zeiten festgefügten Hierarchie gegliedert, hat es noch bis heute nicht verstanden, die europäischen Methoden in Wirtschaft, Verwaltung und Politik sich zu eigen zu machen und ist thatsächlich für jede Aktion wirtschaftlicher und politischer Natur, welche aus den althergewohnten Bahnen herausführt, unfähig. Einzig und allein kaufmännische Geschicklichkeit in Verbindung mit altgewohnten entwicklungsfähigen geschäftlichen Organisationen bildet den Punkt, an dem neue Ideen ansetzen können, und von welchem aus vielleicht auch mit der Zeit andere Charaktere als nur kaufmännische, vorwärts führende Geister für Wirtschaft, Rechtsbildung und Staatsverwaltung sowie die äußere Politik sich bilden möchten.

Aber durch die modernen Verkehrsfortschritte und durch das wirtschaftliche und politische Expansionsbedürfnis der meisten Kulturstaaten ist die europäische, amerikanische, japanische Welt mit großen Ansprüchen dem Riesen, welcher seine Kräfte gar nicht zu nutzen versteht, so nahe gerückt, daß es fraglich geworden ist, ob man ihm noch Zeit lassen wird, sich original zu entwickeln. Die Möglichkeit liegt vor, daß diejenigen Mächte, welche am glücklichsten operieren, wirtschaftliche und politische Macht in den Gefilden Chinas an sich reißen und unter nominellem Aufrechterhalten der chinesischen Universalmonarchie doch durch ihre eigenen Angehörigen eine neue Fremdherrschaft in China aufrichten.

Wie aber auch diese Entwicklung verlaufen mag: das Bestreben besteht bei allen Mächten, bei der Erschließung Chinas mit der eigenen Intelligenz, mit der Elite der eigenen Bevölkerung, mit großen Kapitalien, die dort angelegt werden, und mit den Produkten, die in den heimischen Werkstätten erzeugt sind, dabei zu sein.

Das Ringen um die Gewinnung von Wirtschaftsvorteilen, intellektuellem und politischem Einfluß in China ist eines der Probleme, welches um die Wende des Jahrhunderts in den

Kabinetten aller Mächte eine hervorragende Rolle spielt. Keine der Mächte kann es dulden, daß etwa eine oder eine kleine Gruppe von diesen ausschließlich wirtschaftlich und politisch in China mächtig wird. Diejenige Großmacht, welche zu einer Politik sich entschließen würde, den anderen hinsichtlich Chinas freie Hand und Prokura zu erteilen, würde aufs bitterste getäuscht und von ihrer Großmachtstellung herabgedrängt werden.

Noch sind die Beziehungen zwischen Europa, Amerika und China minimale, aber mit jedem Jahre erweitern sie sich unter dem Drängen der modernen Wirtschaft, und je länger, je mehr müssen sich Situationen ergeben, in welchen die Interessen und Wünsche der einzelnen Großmächte aufeinander stoßen.

Was aber in China im großen der Fall ist, das gilt auch für alle anderen politisch ohnmächtigen Gebiete und Staaten. Je mehr sich Telegraph und Dampfschiff und Weltwirtschaft durchsetzen, desto mehr müssen an jeder Stelle außerhalb Europas und Amerikas wirtschaftliche und politische Aspirationen der verschiedenen Großmächte in versteckten oder offenen Widerstreit treten.

Zeigt China noch die ganz milden Formen platonisch diplomatischer Behandlung, eben weil das Objekt ein so enormes, die Ausbreitungsmöglichkeiten so gewaltige, die Mittel, mit denen man hingreifen kann, so gering entwickelt sind, so zeigt der Streit in Samoa mit seiner scharfen Tonart, wohin die Dinge führen müssen, wenn erst statt der wenigen Millionen von Kapital und den Hunderten von Persönlichkeiten, welche bewußt in China sich interessiert fühlen, Milliarden und Zehntausende in Frage kommen werden.

Faßt man endlich das Verhältnis der größeren und größten Staaten zu einander ins Auge, soweit sie politisch Machtfaktoren darstellen, so entwickelt sich von Jahrzehnt zu Jahrzehnt eine immer reichere Beziehung der Wirtschaften der einzelnen Staaten zu einander. Große Wirtschaftspolitik in jedem von ihnen muß notwendig die Wirtschaften aller anderen, je länger je mehr, aufs tiefste berühren. Es wird unmöglich, bei der künftigen Regelung der politischen Verhältnisse zu den anderen Staaten die eigenen wirtschaftlichen Verhältnisse aus dem Auge zu lassen. Es ist eine Täuschung, daß die anderen Großstaaten nicht etwa demselben Gesetze unterliegen, daß sie etwa ihre große Politik ohne die engste Rücksichtnahme auf ihre wirtschaftlichen Interessen orientieren würden. Bei durchgedrungener Weltwirtschaft wird es ein vergebliches Bemühen, wirtschaftspolitisch souverän aufzutreten, wenn man nicht die Macht besitzt, im letzten Notfall auch unter Verzicht auf alle politischen einigenden Elemente den eigenen Bedürfnissen Genüge zu verschaffen.

Wenn jetzt in den samoanischen Wirren die Grundsätze des Rechts, der Humanität als diejenigen angerufen werden, nach deren Erfordernissen die Auseinandersetzung zwischen Amerika, England und Deutschland stattfinden soll, so giebt dieser Entschluß den Fingerzeig auf die Gestaltung der Verhältnisse zwischen den Mächten überhaupt. Es fragt sich nur, was Recht und Humanität bedeutet. Es kann für die nationalen Staaten unserer Zeit aber nichts anderes bedeuten, als die von jedermann anerkannte Befugnis, das eigene Land und das eigene Volk in Wirtschaft und socialer Gliederung, in Recht und Verwaltung den eigenen Bedürfnissen entsprechend, zu organisieren.

Gegenüber der Idee einer Weltsprache empört sich der Instinkt der Menschheit, indem er sofort Worte dafür findet, daß mit der Universalsprache die Entwicklung des Menschengeschlechts uniformiert werden würde, wodurch notwendigerweise die Volksindividualitäten zerstört und der Entwicklung selbst die größten Nachteile zugefügt werden müßten.

Was, instinktiv gefühlt, für die Sprache gilt, gilt aber noch in viel höherem Maße für die Verwaltung, das Recht, die Wirtschaft, das häusliche Leben — alle anderen Lebensbethätigungen der Völker. So sehr einige große, allen gemeinsame Tendenzen vorhanden sind, so sehr werden sie in jedem Lande verschieden gefühlt, verschieden gestaltet, verschieden gefördert und müssen unter allen Umständen den Individualitäten der Völker überlassen bleiben.

Es ist die immer wiederkehrende große Frage der Induktion und Deduktion, welche als praktischer Fall leben wird. Soll sich Wirtschaft und Politik der Welt von einzelnen abstrakten Ideen leiten lassen, die, alle Verschiedenheiten durchbrechend und unterdrückend, notwendigerweise zu der Herrschaft der energischsten und mit den skrupellosesten Mitteln vorgehenden Nation führen würden, oder soll jeder Nation als unantastbare Befugnis die Entwicklung nach dem eigenen Belieben zuerkannt werden, sodaß jede von ihnen ein wirtschaftlich politisches Kunstwerk ausbildet, wodurch alle Kräfte des menschlichen Geschlechts zur höchsten Vollendung gebracht werden? Auszuschließen von dieser leitenden Befugnis sind nur die Völker und Staaten, welche durch Jahrhunderte oder Jahrtausende es versäumt haben, sich vorwärts zu entwickeln und durch ihr langes Zaudern auch die Fähigkeit zu fernerem originalem Fortschritt verloren haben. Ausgeschieden werden im weiteren Verlaufe der Geschichte auf naturgemäßem Wege alle solche Gemeinwesen werden, welche dauernd mit dem Voranschreiten der großen Masse der Kulturstaaten auf der Bahn der politischen Macht nicht Schritt halten können. In ferner Zukunft können sich da neue Kombinationen ergeben, die jetzt aber unbeachtet gelassen werden dürfen, um die Aufmerksamkeit nicht von dem Hauptpunkt abschweifen zu lassen: daß die jetzt mächtigen Wirtschafts- und Staatsgebilde zum Vorteil des Fortschritts der ganzen Welt sich wirtschaftlich und politisch souverän erhalten müssen.

Ist jetzt Aussicht vorhanden, daß gegenüber einer verhältnismäßig kleinen und unwichtigen Streitfrage auf winzigem Gebiete des Stillen Oceans die Ideen des formalen Rechts den Ausschlag geben, auch wenn es sich um Streitigkeiten zwischen nach allen Seiten mächtigen, auch für den besonderen Fall mit besonderer Macht ausgerüsteten Mächten und dem nach dieser Richtung hin ganz unentwickelten Deutschland handelt, so ist es andrerseits naturgemäß, daß in naher Zukunft, wenn sich Streit wirtschaftlicher oder politischer Natur um größere und wichtigere Objekte erheben wird, dies formale Recht den Ausschlag gar nicht geben kann, weil jene klügeren und vorgeschritteneren Mächte sich mit Fug und Recht mit den klugen Jungfrauen vergleichen werden und einer zurückgebliebenen Mitbewerberin das Wort zudonnern müssen: **du hast kein Öl und darum kein Recht, weiter zu leuchten, weil du nicht die Macht dazu hast.**

Nicht die Gegenwart also und die Lehren der Vergangenheit, so interessant und so anregend sie nach vielen Richtungen sein mögen, dürfen für die Stellungnahme der großen Weltmächte am Ende des Jahrhunderts maßgebend sein, sondern allein die Rücksicht auf das notwendige Gebot der Zukunft: **durch eine allseitige Kraftentfaltung die Berechtigung zu behalten oder zu erwerben, der hohen Aufgabe weiter gewidmet sein zu dürfen, als souveränes Gemeinwesen bei der Entwicklung der Welt wirtschaftlich und politisch mitzusprechen.**

———

Für Deutschland stellt sich, je länger je mehr, als Notwendigkeit heraus, große Mittel anzuwenden, um es dem landwirtschaftlichen Gewerbe zu ermöglichen, ohne daß an die Persönlichkeiten, denen die Leitung der landwirtschaftlichen Produktion anvertraut ist, übermenschliche Anforderungen gestellt werden, die deutsche Scholle unter eine um vieles intensivere Kultur zu nehmen, damit sie imstande ist, in der Hauptsache für die Bedürfnisse des ganzen deutschen Volkes, auch wenn es an Kopfzahl sich verdoppelt, Getreide, Vieh, Gemüse und dem heimischen Boden naturgemäße Handelsgewächse zur Verfügung zu stellen. Neben diese Notwendigkeit tritt die zweite: die anderen Kräfte, welche in den Intelligenzen des deutschen Volkes und in den Naturschätzen des deutschen Bodens liegen, bis zur höchsten Vollendung zu entwickeln, um Industrieerzeugnisse für den eigenen inneren Markt und solche für den Weltmarkt zu produzieren, die das Äquivalent für alle jene Produkte bilden müssen, welche die Natur oder die Mängel in der Technik dem heimischen Boden und dem heimischen Betriebsfleiß vorenthalten haben und vielleicht immer vorenthalten werden.

Als dritte Notwendigkeit tritt neben diese ersten die: daß das überschüssige deutsche Kapital und die zunehmende deutsche Bevölkerung an allen jenen Plätzen der Welt, an denen Mensch und Kapital noch ein Feld der Bethätigung finden, in friedlicher Weise, bis zur Vollkommenheit geschützt, wirken können.

Es sind in den letzten Jahren vielfache Versuche gemacht worden, die verhältnismäßige Bedeutung dieser drei Notwendigkeiten gegeneinander abzuschätzen. Regelmäßig sind diese Bemühungen deshalb nicht von durchschlagendem Erfolge begleitet gewesen, weil im Bewußtsein jedes Forschers eine derselben die erste Stelle einnahm und ihn dazu verleitete, anstatt für sie alle gleichmäßig einzutreten, eine in den Vordergrund zu stellen. Dadurch wurde das ganze Problem verschoben: wo Zusammenarbeiten und Verständnis für einander herrschen sollten, nisteten sich Eifersucht, und Feindschaft ein; die Frage war nicht mehr: wie entwickeln wir die Größe Deutschlands? sondern sie lautete, je nachdem: wie fördern wir die deutsche Landwirtschaft, die deutsche Industrie, den auswärtigen Markt, den Handel, die Sicherheit der Deutschen im Auslande u. s. w.?

Ein moderner Kulturstaat, der zugleich Großstaat ist, dessen Bevölkerung 50 Millionen erreicht oder überschreitet, muß notwendigerweise allen drei Notwendigkeiten gleichmäßig gerecht werden. Gleichmäßig nicht insofern, daß nach mechanischen Maßstäben etwa gleiche Teile der Energie des Volks und Staats für jedes der drei Gebiete in Anspruch genommen werden, sondern insofern, daß dem von Zeit zu Zeit gewiß wechselnden, aus einer Unendlichkeit von Ursachen resultierenden Bedürfnis der Millionen nach einer Bethätigung auf jedem dieser drei Gebiete in dem Augenblick, wo das Bedürfnis sich regt, durch die ganze Wirtschafts- und allgemeine Politik des Staats so entgegengekommen wird, daß in allen drei Zweigen der nationalen Bethätigung erfolgreiche Arbeit möglich ist.

Das vorzügliche Hilfsmittel unserer neuesten Zeit, die nach exakten Methoden durchgeführte und in bestimmten Perioden wiederkehrende Berufs- und Gewerbestatistik, ist in besonderem Maße in den letzten Jahren in jener angedeuteten verkehrten Weise für die Interessen von einzelnen Parteien ausgelegt worden. Der geistige Habitus aller Forscher am Ende des Jahrhunderts hat sich von der theoretischen Erfassung der Probleme abgekehrt und der historisch beschreibenden, statistischen, die Einzelheiten zuerst berücksichtigenden Methode zugewandt. Unter dem enormen Zahlen- und Thatsachenmaterial scheinen die Geister zu ermatten, und wo schließlich Schlußfolgerungen gemacht werden, wo man versucht, die Teile durch ein geistiges Band zu einigen, da erweist sich dieses häufig als ein zu kurzes, als ein Parteiband. Da werden Rechnungen und Schätzungen gemacht und Schlußfolgerungen gezogen, daß, weil seit dem Jahre 1882 sich eine Verschiebung der Bevölkerung von der Landwirtschaft in Industrie und Handel herüber statistisch nachweisen lasse, Gesetz und Verwaltung und Handelspolitik sich in erster Linie für die Entwicklung der Industrie und des Handels engagieren müssen. Einseitigkeit ruft Einseitigkeit in der Reaktion hervor. So fehlt es denn auch nicht an Gegenschätzungen, welche nachweisen, daß nur ein minimaler Teil der vaterländischen Industrie für den Export arbeitet — und an dem einseitigen Schluß aus dieser Betrachtung, daß die exportierende Industrie eine quantité négligeable und alles Interesse für die Landwirtschaft anzuspannen sei. Auch die neueste Phase der Arbeiten auf diesem Gebiete, welche einen vermittelnden Standpunkt einnehmen und unter Anerkennung der Bedeutung der Exportindustrie doch die unwiderlegliche Thatsache ausgesprochen haben, daß in unendlich höherem Maße als diese letztere der innere Markt gewachsen sei — auch diese neueste Phase findet nicht den richtigen Ausdruck für die vorhandenen Notwendigkeiten, wenn sie die Pflege des inneren Markts als die Panacee der Politik hinstellt.

Vielleicht ist ein Beispiel imstande, darauf hinzuweisen, worauf es in letzter Linie ankommt. In der Agrikulturchemie hat man nach langem Umhertasten ein Gesetz gefunden, welches die Grundlage aller Ackerbaukunst bildet: das Gesetz des Dünger-Minimums. Die Pflanze bedarf zu ihrer Kultur einer bestimmten Summe verschiedener Nahrungselemente unter der Maßgabe, daß alle diese Elemente ihren Wurzeln zugeführt werden. Werden einzelne der erforderlichen Elemente auch noch so reichlich gegeben, wird es aber unterlassen, auch nur eines, selbst wenn das von ihm erforderliche Quantum ein minimales ist, mit heranzuziehen, so gedeiht die Pflanze nicht. Nicht die absoluten Größenverhältnisse, sondern die Thatsache, daß jedes der Nahrungselemente überhaupt vorhanden ist, entscheidet über das Gelingen der Kultur und die Ernte.

Die Volkswirtschaft unterliegt demselben Gesetz. Es kann niemals darauf ankommen, diejenigen ihrer Zweige, welche eine besonders üppige Entwicklung zeigen, noch ganz besonders zu bevorzugen und über diejenigen, welche irgendwie stagnieren oder nur in geringerem Maßstabe vorhanden sind, das Urteil zu sprechen: sie seien unwesentlich für das Ganze und ihrem Schicksal, meinetwegen dem Untergang, überlassen. Im Gegenteil muß die Sorge des Volkswirts und Staatsmannes sich viel eher diesen nach Quantität weniger ins Auge stechenden und doch notwendigen Elementen zuwenden und unter Umständen die energischsten Anstrengungen machen, wo sie durch das Gewicht der Konkurrenz und der bevorzugten Lage der gerade vorauseilenden Zweige der Wirtschaft gefährdet werden, sie durch thatkräftige Hilfe im Konkurrenzkampf zu unterstützen oder durch organisatorische Reformen sie zu Kraft kommen zu lassen. Das gilt so gut für alle Zweige der Wirtschaft im engsten Sinne als auch für alle Zweige der Volkswirtschaft nach ihrem weitesten Begriffe, unter die alle jene Veranstaltungen fallen, welche der Staat zum Schutze der friedlichen Entwicklung der Arbeit, seiner Aufgabe gemäß, zu treffen hat.

Das heißt also: bei konstatierten schwierigen Verhältnissen einer

Berufsgruppe, z. B. der Landwirtschaft, Förderung der in ihr gefährdeten Existenzen — das heißt bei noch gering entwickeltem Export: Maßregeln großen Stils, um ihm die Basis zu geben, auf der er mit vollster Sicherheit von Personen und Eigentum erst funktionieren kann; das heißt: in demselben Augenblick, in welchem das Hinausgreifen der deutschen Wirtschaft in alle anderen Kulturstaaten und in alle Kontinente durch die Frage des Imports und Exports gestellt ist, Heranbildung solcher Organe, welche unter allen Umständen geeignet sind, in allen Gegenden der Welt, allen möglicherweise auftretenden Gegnern, wo mit Gewalt gedroht wird, auch mit einer Gewalt aufwarten zu können, welche die Sicherheit des Erfolges für die deutschen Waffen und für die deutsche Wirtschaft nach menschlichem Ermessen garantiert.

Für die Volks- und Staatswirtschaft gilt das Gesetz des Anspannens aller Entwicklungsmöglichkeiten nach dem Princip, auch für die minimalsten Bethätigungen der Volksenergie im heimischen Vaterland und in aller Welt Spielraum zur Bethätigung offen zu halten — und am Ende des Jahrhunderts stellt sich für Deutschland dieses Problem konkret in den Forderungen: Sicherung des wirtschaftlichen Erfolges für die Landwirtschaft und Sicherung der Möglichkeit friedlichen Erwerbes durch den auswärtigen Handel in Import und Export für alle Gewerbe des Deutschen Reichs; endlich Herstellung dieser Sicherung, welche an unsern Landgrenzen durch die Armee gewonnen ist, **durch eine ähnliche Kraftentfaltung Deutschlands auf seinem schwachen Punkte — auf den Meeren — durch Schaffung und Erhaltung einer Flotte, welche jedem Feinde gewachsen ist.**

Wie die Dinge heute liegen, steht — wie hinter einem Grenzstreit auf dem festen Lande, im Falle er nicht friedlich geschlichtet wird, die ganze Armee steht — hinter einer wirtschaftlichen Streitigkeit, hinter einer politischen Streitigkeit von den minimalsten Dimensionen in fernen Gebieten der Welt die ganze Flottenmacht der großen Seemächte.

Es ist eine Illusion, welche, wenn sie als solche nicht erkannt wird, und zwar so bald als irgend möglich erkannt wird, die schwersten Demütigungen der deutschen Ehre und, wenn sie erst geschehen, die schwersten Schädigungen der deutschen Wirtschaft und das Herniedergehen Deutschlands, das Herabsinken zu den Staaten dritten Ranges herbeiführen muß, daß der Besitz einer Flotte von der Ausdehnung, wie sie ihr das 1898er Gesetz giebt, imstande sein sollte, bei der Entscheidung der in den nächsten Jahren auftauchenden wirtschaftlichen Schwierigkeiten irgendwie die Wage dauernd zu unsern Gunsten zu senken. Auch wenn Deutschland es nur mit einem der kleineren Staaten zu thun haben sollte, wird es in nächster Zukunft diese Staaten niemals mehr allein finden. Es wird im Interesse der kleinen liegen, und sie werden dieses Interesse erkennen, sich in einem solchen Falle an eine der Großmächte zu lehnen. Und wenn die wirtschaftlichen Spannungen erst etwas weiter entwickelt sind, werden die Großstaaten solche willkommene Gelegenheit benutzen, um Deutschland an dieser Stelle eine Schlappe beizubringen. Nach zehn Jahren wird Deutschland hinter Haiti Nordamerika, hinter Japan England bereit finden, den Anlaß zur Minderung der Kraft Deutschlands wahrzunehmen. Gerade wenn es Deutschland gelingt, die eigene Wirtschaft in Landwirtschaft und Industrie noch erheblich zu fördern und seinen auswärtigen Handel zu steigern, werden Zwistigkeiten, die sich aus seinem wirtschaftlichen Auswachsen ergeben, die einzige und dann die willkommene Handhabe sein, uns gegenüber feindlich aufzutreten. Die ungeschützte deutsche Konkurrenz muß nach dieser Richtung hin für die anderen großen Wirtschaftsmächte verlockend wirken, und solange Deutschland nur über eine Kreuzerflotte verfügt und ein kleines Panzergeschwader, welches höchstens ausreicht, gegen einen isolierten Staat dritten Ranges in fernen Meeren siegreich aufzutreten, ist es und bleibt es à la merci der anderen großen Mächte, die schon mächtig zur See sind oder mit allen Kräften dahin streben, in kürzester Frist mächtig zur See zu werden.

Es giebt für Deutschland nur eine Frage: ist darauf zu rechnen, daß auf dem Gebiete des Deutschen Reiches unter Mitbenutzung der jetzt occupierten Kolonialbesitzungen und unter kapitalkräftiger Auswanderung in die anderen Kulturstaaten eine ähnlich starke Vermehrung der Bevölkerung, des Volkseinkommens und des Volksvermögens, wie in den letzten 25 Jahren, besser gesagt, wie im Laufe des 19. Jahrhunderts überhaupt, stattfinden wird?

Wird diese Frage — daß sie so beantwortet werden kann, darüber besteht nach allen Richtungen außer einer kein Zweifel — mit „ja" beantwortet, so muß sich notwendig die Aufmerksamkeit auf den einzigen schwachen Punkt richten, die einzige dunkle Wolke am fernen Horizont, die sich zu einem Orkane entwickeln könnte, welcher das friedliche Leben auf allen anderen Punkten entwurzeln und zerstören könnte: auf die Schwäche zur See.

Das deutsche Volk ist moralisch und physisch so gesund, wie die besten Völker der Erde überhaupt. Insbesondere ist die deutsche Familie die Garantie für einen starken und gesunden, intellektuell und moralisch entwicklungsfähigen, immer steigenden Bevölkerungszuwachs. Der deutsche Erfindergeist hat so enormes in den letzten Jahrzehnten geleistet, daß die Verwertung der gewonnenen wissenschaftlichen Resultate in der Technik gerade noch in den Anfangsmöglichkeiten sich befindet.

Wie Deutschland heute auf demselben Areal, auf welchem es im Jahre 1816 25 Millionen Menschen kümmerlich ernährte, heute 53 Millionen bescheiden ernährt, so liegt die anthropologisch=technische Möglichkeit vor, daß es nach weiteren 100 Jahren auf demselben Areal 100 Millionen Menschen glänzend ernähren wird, besonders dann, wenn 20 bis 30 Millionen Deutsche in allen Ländern der Welt als Kaufleute, Industrielle, Pflanzer, Erfinder und Gelehrte, gesichert durch die Macht des deutschen Namens, Arbeitsspielraum werden finden können. Die anthropologisch=technische Entwicklung ist eine absolut sichere und durch keine natürliche Macht der Erde aufzuhaltende.

Aber etwas giebt es, was diesen Aufschwung in kurzer Zeit in seiner Blüte knicken, was Deutschland zurückführen kann zu Zu=

ständen, die jenen in den Zeiten seiner tiefsten Erniedrigung ähnlich sein würden: wenn Deutschland schläft, wenn es mit verschlungenen Armen zusieht, wie die anderen großen Gemeinwesen sich auf dem Elemente mächtig machen, auf dem Deutschland heute noch gar nichts bedeutet, und wenn in den wirtschaftspolitischen Streitigkeiten der kommenden Jahre Deutschland entweder gezwungen wird, dem Willen jener Großen, auch soweit seine innere Entwicklung in Frage kommt, zu gehorchen oder, falls es sich dazu nicht entschließen kann, in dem dann notwendig entbrennenden Kampfe wieder und wieder oder gleich einmal für alle Zeit zur See geschlagen wird, und das Gesetz von jenen Großmächten empfängt — das Gesetz von Siegern, die aus den Bedürfnissen ihrer eigenen Volksgemeinschaften das Recht herleiten werden und dürfen, auf den Ruinen des deutschen Volkes ihre eigene Größe aufzurichten.

66 Jahre lang hat England im 18. Jahrhundert Seekriege geführt, bis es alle anderen Seemächte der Welt zu seinen Füßen niedergerungen hatte, und das ist die einzige Lehre, welche Deutschland in heutiger Zeit als warnendes Exempel aus der Geschichte lesen darf. Es darf auch nicht einmal dulden, in die Lage zu kommen, Kämpfen der anderen großen Mächte aus Ohnmacht still zuzusehen. Durch seine eigentümliche Lage im Herzen Europas kann es auf die Dauer während langwieriger kriegerischer Aktionen nicht unberührt bleiben. Es muß zwischen Hammer und Amboß geraten und würde, wenn es so waffenlos bleibt, wie es ist, zerschmettert werden.

Es war der große Fehler der preußischen Politik jetzt vor 100 Jahren, nicht zu erkennen, daß unter dem Genie Napoleons sich das französische Volk zu einer furchtbaren Gefahr für die ganze europäische Welt organisierte. Es war der große Fehler Preußens, die eigene Waffenrüstung nach dem Zuschnitt der Vergangenheit eingerichtet zu lassen, anstatt sie für die Zukunft anzupassen, es war der große Fehler Preußens, es zuzugeben, daß die einzelnen Staaten nacheinander von Napoleon besiegt wurden, bis es schließlich selbst an die Reihe kam.

Der Napoleon der heutigen Zeit ist das starke Entwicklungs- und Größenbedürfnis Englands, Rußlands, der Vereinigten Staaten von Nordamerika. Durch die Wucht ihrer wirtschaftlichen und politischen Entwicklung werden sie in den nächsten Jahren zu großen Aktionen der Weltpolitik gedrängt werden; sei es, daß es um den Orient im alten Sinne des Wortes, sei es, daß es um den neuen Orient, um China, sei es, daß es um die Gestaltung der wirtschafts- und handelspolitischen Beziehungen untereinander oder mit den andern Mächten Europas und Amerikas geht.

Deutschland hat, principiell wenigstens, die Idee des Sichisolierens, an dem Preußen am Ende des letzten Jahrhunderts einging, durch seine Bündnispolitik mit seinen natürlichen, durch seine geographischen Verhältnisse bedingten Verbündeten, im Dreibund und, im weiteren Sinne, mit dem osmanischen Reich überwunden. Aber auch die zusammengefaßte Macht des Dreibundes und der Türkei ist, solange Deutschland keine Offensivmacht zur See besitzt, ein Spielball für die Macht der andern Großstaaten, sowie es sich um Interessen in fernen Weltteilen handelt.

Die Möglichkeit, diese Streitigkeiten durch Kriege auf dem europäischen Festlande siegreich für Deutschland zu gestalten, erscheint je länger, je mehr als eine Unwahrscheinlichkeit. Bei geschickter Politik Rußlands und der andern Großstaaten finden sie immer in Frankreich die große Macht, welche Deutschland in Schach hält, und an England und an die Vereinigten Staaten von Nordamerika, wenn sie uns in fernen Weltteilen wehe thun und wenn sie unsere Küsten blockieren, können wir nicht heran.

Es giebt nur ein einziges Mittel, um aus diesem Dilemma herauszuführen: eine gewaltige Machtentfaltung auch zur See. Diese muß aber, auch im Rahmen des Dreibundes und des freundlichen Verhältnisses zu der Türkei, Deutschland jedenfalls in erster Linie auf sich nehmen, halb aus wirtschaftlicher Notwendigkeit, halb aus wirtschaftlicher und politischer Klugheit. Wirkliche Vorteile haben im Rahmen eines Bündnisses so gut die starken, wie die schwächeren der Kontrahenten. Klug aber ist derjenige Teilhaber eines Bündnisses, welcher unter allen Umständen thatsächlich am meisten für die Zwecke des Bundes leistet, weil er dann bei wirklich entstehenden Schwierigkeiten das Gewicht seiner Thaten und Macht zur Vertretung seiner Interessen bei Auseinandersetzungen mit seinen Bundesgenossen für sich hat. Deshalb erheischt die politische Klugheit, daß Deutschland an der Stelle, an der es noch so wenig leistet, sich entschließt, in Zukunft viel aufzuwenden. Im Verhältnis andrerseits zur Türkei, wie auch zu Italien und Österreich-Ungarn, zeigt Deutschland heute noch die verhältnismäßig günstigsten Chancen der wirtschaftlichen Entwicklung in naher und ferner Zukunft. Wenn einer der vier Staaten die Möglichkeit besitzt, große Aufwendungen zu machen, ohne seine wirtschaftliche Entwicklung an irgend einer Stelle zu hemmen, so ist Deutschland in dieser glücklichen Lage.

Drei Grundsätze haben in den 29 Jahren des Bestehens des Deutschen Reichs seiner Politik zu Grunde gelegen: die Aufrechterhaltung des Friedens, die Gewinnung und Verstattung eines vernünftigen Handelsrechts für das Ausland bei uns und für uns im Ausland, zuletzt: die Beschränkung der Politik auf das vorhandene Territorium, auf diejenigen Millionen deutscher Zungen, welche Angehörige des Reichs in seiner jetzigen Gestalt sind, Mehrung an Land und Leuten nur mit friedlichen Mitteln, mindestens aber unter loyaler Verständigung mit der andern Partei, falls gegen den Willen des Reichs Zwangsakte notwendig geworden waren. Man könnte die Liste verlängern: aber weitere Einzelheiten, wie das Princip der Nichteinmischung in die inneren Verhältnisse der anderen Staaten, können unter das Princip der Erhaltung des Friedens gestellt werden.

Es hat nicht an Gelegenheiten gefehlt, welche Deutschland hätte ergreifen können, um unter Ausnutzung günstiger politischer Konjunkturen, Frankreich mit Krieg zu überziehen. Außer den Gelegenheiten haben auch die Ursachen, die einen solchen Krieg für die deutsche Politik wünschenswert erscheinen lassen konnten, nicht

gefehlt. Aber alle deutschen Regierungen sind dieser Versuchung
Herr geworden, und es giebt heutzutage wohl keinen einzigen vernünftigen Menschen, welcher nicht den redlichen Wunsch hat und
an seinem Teile auch redlich daran mitarbeitet, auch den Frieden
mit Frankreich zu einem ewigen zu machen. Durch nichts kann
Deutschland veranlaßt werden, Italien oder Österreich kriegerisch
gegenüberzutreten, durch nichts, sich in einen Kampf mit Rußland
einzulassen. Noch im Jahre 1894 hat die deutsche Regierung gegen
den Widerstand und gegen das Interesse des großen landwirtschaftlichen Berufs den Handelsvertrag mit Rußland abgeschlossen, um
in absoluter Form zu zeigen, daß ihr die Wahrung des Friedens
als erste Pflicht vorschwebte. Wie in allen diesen Fällen kann
auch bei jedem künftigen Streitfall mit den großen Mächten des
Kontinents in aller Ruhe überlegt und entschieden werden. Deutschland steht diesen Mächten gegenüber, wie ein Ritter mit starker
Rüstung und von anerkanntem Mut gegenüber einem anderen mit
den gleichen Eigenschaften. Sie wissen beide, daß sie imstande
sind, zu kämpfen, sie wissen beide, daß der Kampf ihnen schwere
Wunden zufügen wird, und sie können deshalb ein ganz nüchternes
Kalkul anstellen: auf den Kampf zu verzichten, wenn doch auch bei
einem gegenseitigen Nachgeben, bei Opfern von beiden Seiten mit
der Erhaltung des Friedens die gesamten Interessen weniger ge-
schädigt werden als durch einen Krieg mit wechselndem Erfolge.
Das point d'honneur ist gewissermaßen ausgeschaltet, steht außer
Diskussion.

Ganz anders liegen psychologisch notwendigerweise die Verhältnisse, wenn Deutschland in wirtschaftlich-politische Streitigkeiten mit den Vereinigten Staaten von Nordamerika oder England
oder anderen Staaten außerhalb Europas gerät. Dann breitet
sich zwischen ihm und seinen Gegnern das Meer aus, und es bedarf künstlicher Kombinationen, wie jenes Schiedsspruchs des
Papstes in der Karolinenfrage, schon um selbst verhältnismäßig
wenig mächtigen Staaten gegenüber zu einer friedlichen Auseinandersetzung zu kommen, die viel leichter sich einstellen würde,

wenn die Möglichkeit eines Kampfes vorhanden wäre und auf Grund der Möglichkeit eines solchen die kühle Abwägung, wie sie in den Beziehungen zu den Staaten des Kontinents möglich ist. Würde es sich nicht um Spanien handeln, dem gegenüber der deutsche Nationalstolz sich ähnlich verhielt, wie Preußen im Jahre 1857 gegenüber Neuchâtel und Valengin und der Schweiz, würde es sich um eine Auseinandersetzung mit den Großmächten, mit Nordamerika, England oder selbst Japan handeln, so würde es die deutsche Nationalehre gar nicht erlauben — und sie würde richtig dabei handeln — daß ein Streitfall mit kühler Abwägung der Vor= und Nachteile eines Kriegs durch friedlichen Ausgleich beseitigt würde. Denn jene Staaten würden sich ganz anders verhalten wie Frankreich und Rußland, weil sie sich eben keinem stark gerüsteten Feinde gegenüber sehen, sondern einem Manne mit ganz schwacher Schutzwehr, kaum ausreichend zur Defensive, dem sie aus einem stichhaltigen Grunde Gesetze zu diktieren sich für berechtigt halten werden. Insbesondere England besorgt wesentlich durch seine Flotte im Orient und Amerika schickt sich an, durch seine Politik in Cuba und den Philippinen und seine Ansprüche auf den Schutz des ganzen amerikanischen Kontinents, für Teile des Orients und für alle amerikanischen Gewässer in dieselbe Rolle zu treten: den Schutz der Schiffahrt, des Handels durch seine Flotte, durch seine wirtschaftlichen Aufwendungen für seine Flotte, durch sein Fleisch und Blut, welches auf seinen Schiffen Jahr für Jahr den Elementen trotzt.

Bleibt Deutschland in seiner bescheidenen Seerüstung, so nimmt es in gar keiner seinem Interesse, dort draußen durch seine Reichsangehörigen Schiffahrt und Handel treiben zu lassen, entsprechenden Weise an solchen Aufwendungen teil.

Die englische Presse fängt jetzt bereits an, unter Hinweis auf die deutschen Kaufleute in Singapore, auf das in Aussicht stehende Übergehen englischer Handelsschiffe in deutsche Hände Alarm zu schlagen, daß es unerhört sei, daß diese Deutschen unter dem Schutz

der englischen Geschwader mit besonderem Erfolge ihrer Erwerbs=
thätigkeit nachgehen.

England und Amerika werden das zur See nicht gerüstete
Deutschland aus Gründen, die auf dem Boden wachsen, auf dem
diese erste Pflanze englischer ganz erklärlicher Unzufriedenheit auf=
gesprossen ist, bei Gelegenheit wirtschaftspolitischer Streitigkeiten
mit seinen Waren und mit seinen Menschen aus dem überseeischen
Verkehr herauszuweisen versuchen. Das kleine Holland hat, ohne
daß es in Deutschland gemerkt wurde, durch sanfte, rein geschäft=
liche Mittel etwas ähnliches in seiner Plantagenkolonie auf der
Ostküste von Sumatra zu stande gebracht. Solange der Deutsche als
Pflanzer und das deutsche Kapital als Zubuße zu der mangelnden
Beteiligung aus Holland wünschenswert waren, kamen die Deutschen
in die ersten Stellen der großen holländischen Compagnien und legte
man dem deutschen Kapital keine Hindernisse in den Weg. Nach=
dem aber der Erfolg der Kolonie für alle Zeiten gesichert erschien,
ließ man die Deutschen nicht mehr in die ersten Stellen aufrücken,
und die Gestaltung der Verhältnisse machte es den meisten, bis zu
diesem Moment fast allen oder allen bedeutenden deutschen Plantagen
rätlich, sich in holländische Aktiengesellschaften zu verwandeln. Ebenso
ist der Deutsche als Offizier fast ganz aus der holländischen Armee
verschwunden. Was sich hier im kleinen abgespielt hat, kann gerade
dann Möglichkeit in allen Gegenden werden, in denen England und
Nordamerika politische Macht besitzt, wenn Deutschland sich wirt=
schaftlich so weiterhin entwickelt wie in den letzten 25 Jahren, und
wenn insbesondere deutsches Kapital und deutsche Kapitalisten in
steigender Zahl im Auslande zu arbeiten wünschen. Was in Sumatra
kaum beachtet wurde, dürfte aber, wenn es in Singapore, in Hong=
kong, in irgendwelchem Fleck der Erde mit großen kommerziellen
Interessen auch nur anhebt, nicht unberücksichtigt bleiben. Damit
wäre der Keim zu den schwersten Konflikten gelegt, und einem
schwachen Deutschland gegenüber wird sich natürlicherweise der
Amerikaner und der Engländer darauf stützen: ich bin mächtig, du

bist schwach. Deutschland müßte in einem solchen Falle unter der Peitsche des verletzten Nationalstolzes, die glücklicherweise einsetzen würde, zu den Waffen greifen, zu einem Feldzuge, dessen Verlauf und Ausgang, wenn sich in den Verhältnissen zur See nichts ändert, gänzlich unkontrollierbar ist, im Laufe dessen es aber das doch schaffen müßte, was es vorher versäumt hatte: Mittel, um diesen Krieg führen zu können. Oder es wird einfach durch die Übermacht total zu Boden geschlagen. Würde der Nationalstolz nicht stark genug sein, zu einem solchen Kampfe zu entflammen, so würde eine endlose Kette von solchen Abbröckelungen einsetzen, und würde Deutschland sich das 10 Jahre, 20 Jahre bieten lassen, so würde seine Wirtschaft derangiert, seine Bevölkerung entmutigt, sein Ruin als Staat besiegelt sein. Aber ebenso, wie Zwistigkeiten, welche sich aus Handel und Wandel des Deutschen im Auslande ergeben, können Handelsvertragsverhandlungen mit England und Amerika zu Situationen führen, in welchen beide Mächte sich ebenso auf den Standpunkt des Stärkeren stellen, in denen das deutsche point d'honneur zum Kampfe drängen muß.

Die schwache Stellung Deutschlands zur See ist in demselben Grade ein Anreiz zum Friedensbruch seitens der großen Seemächte, der veranlaßt werden kann durch deren an sich natürliche und legitime Interessen, als die deutsche Armee die Bürgschaft des Friedens zwischen Deutschland und den großen Kontinentalmächten ist.

Will Deutschland es nicht darauf ankommen lassen, daß der Napoleon des 20. Jahrhunderts, in diesem Falle vertreten durch die Intensifikations= und Expansionsbestrebungen Nordamerikas und Englands, weil Rußland durch die deutsche Armee gebunden ist, dem Deutschen Reiche ein Jena und Auerstädt zur See bereitet, dem vielleicht kein Leipzig zur See folgen dürfte, da hier alle Verhältnisse ungünstiger liegen, so muß es sobald als irgend möglich zur See so stark werden den Seemächten gegenüber, wie es zu Lande den Kontinentalmächten gegenüber ist.

Frankreich zählt als Kontinentalmacht allein und Rußland desgleichen. Ihnen gegenüber werden die Geschicke des Gesamtkrieges durch die Armee entschieden. Seemächte sind für Deutschland nur jene großen Territorien, welche durch die See von ihm getrennt sind: England, die Vereinigten Staaten, Japan. Es ist die Aufgabe der Generation, mit welcher König Wilhelm I. arbeitete, gewesen, Preußen zunächst stark auf dem Kontinent zu machen durch die Reorganisation der Armee, — es muß die Aufgabe der Generation sein, welche die Früchte von 1866 und 1870 genießt, sich Kaiser Wilhelm II. mit dem letzten Atemzuge an Arbeit und Nachdenken zur Verfügung zu stellen, gegenüber den Seemächten Deutschland in dieselbe Lage zu bringen. Deshalb wird doch Wilhelm II. der Friedensfürst bleiben: denn Deutschland bedarf keiner Eroberungen in England, in Amerika oder anderwärts, es bedarf nur des ungestörten Arbeitens im Rahmen seiner Gebiete. Aber augenblicklich kann ihm diese Arbeit durch irgend eine kleine Zufälligkeit in Frage gestellt werden, worauf es gezwungen werden könnte, mit den Mitteln und Waffen eines in der Verzweiflung kämpfenden Schwachen um sich zu schlagen, weil es nicht dulden darf, daß es von irgend einem Starken ohne Gegenwehr vergewaltigt wird. Je stärker es dagegen zur See ist, ein desto sichreres Bollwerk des Friedens bedeutet es. Es war friedlich, solange in dem Bewußtsein der Welt nur die kontinentalen europäischen Fragen die Politik erfüllten; friedlich bis zum Exceß, weil es friedlich sein konnte, auch wenn es große materielle Opfer brachte, ohne irgendwelche Schädigung seiner nationalen Ehre. So wird es friedlich sein können auch in den Fragen der großen Politik, welche in der nächsten Zukunft und durch das ganze kommende Jahrhundert an erster Stelle stehen werden, so wie es nur stark geworden ist zur See.

―――

Die Idee des ewigen Friedens ist auch die Idee Deutschlands. Nur in der Ansicht über die Mittel, diesen ewigen Frieden zu erhalten, ist Deutschland bisher anderer Meinung gewesen, als die litterarischen Vertreter der Friedensidee und als jene Diplomaten, welche auf einem Friedenskongresse auch die Frage der Abrüstung oder der Sistierung weiterer Rüstungen zum Gegenstand der Unterhandlungen machen wollen. Deutschland hat immer geglaubt, daß die eigene Stärke des moralisch hochstehenden Staates die beste Garantie ist, daß er Frieden hält, und hat das durch seine eigene Haltung als Deutsches Reich nach jeder Richtung erhärtet. Jene verlegen den Schwerpunkt der Friedensbewahrung aus den Einzelnen heraus in ein Kollegium, das doch nirgends wirkliche Gewalten hinter sich hat, die, um der Idee des ewigen Friedens gerecht zu werden, rein moralische und doch zwingende Gewalten sein müßten, um den ewigen Frieden zu garantieren. Auch die europäischen Kulturstaaten sind so verschieden, daß es unvermeidlich zu Situationen in der Zukunft kommen müßte, in denen zur Durchführung der Beschlüsse eines Areopags oder Friedensschiedsgerichts an nicht rein moralische, sondern an materielle Waffen appelliert werden würde: bleibt also der Krieg im Hintergrunde doch bestehen, so ist es richtiger, seine Entscheidung nicht aus dem Reif der Souveränetät der einzelnen Staaten herauszusprengen. Sistierung weiterer Rüstungen selbst ist ein Eingriff, eine Einmischung in die innern Verhältnisse eines Staates, welche seine Souveränetät vermindert, seine Entwicklungsmöglichkeit zusammenpreßt und einen mechanischen Schluß bedeutet, welcher zum schärfsten Schaden derjenigen Völker ausschlagen muß, welche jetzt noch lange nicht ihrer Kraft entsprechend gerüstet sind gegenüber denjenigen Völkern, welche nominell, soweit die Formationen in Frage kommen, außerordentlich stark gerüstet erscheinen. Während jene, bei denen alles, was auf dem Papier steht, auch in Fleisch und Blut auf den Manöverplätzen vorhanden, zum Stillstand gezwungen sind, würden diese Jahrzehnte lang weiter rüsten können.

Auf absolute Überlieferung der Entscheidung von Krieg und Frieden an Schiedsgerichte und an irgendwelche gegenseitigen Abmachungen über Art und Grad der Rüstung im Ernst zu unter=

handeln, heißt: in allernächster Zeit den Krieg in Europa entfesseln. Die Natur der Dinge wird dazu zwingen, diese Punkte ganz außer Spiel zu lassen. Nach wie vor wird jeder Staat seinen Interessen und seiner Kraft entsprechend und nach seiner besten Einsicht sich Wehr und Waffen schaffen, und für Deutschland kann nur die Frage sein, ob es nicht den großen Fehler der bisher geübten Vernachlässigung der See mit der größten Energie in der allerkürzesten Zeit wieder gut macht.

II.
Die Notwendigkeit einer starken Schlachtflotte.

Stärke zur See ist erforderlich. Stärke zur See beruht aber, genau wie auf dem Lande, in Organisationen, welche große Massen zur Schlacht vereinigen können. Jeder Pfennig, welcher verwandt wird, ohne diesem Ziele dienstbar gemacht zu werden, ist auch auf der See verschwendet, — jede Organisation, welche nicht wesentlicher Bestandteil dieses Gesamtvornehmens darstellt, ist eine wertlose Paradeorganisation; jeder Deutsche, welcher Geist und Blut Schiffen anvertraut, welche nicht in diesen Gesamtrahmen hineinpassen, fällt nicht als ein Verteidiger der Macht und Ehre Deutschlands, sondern wird hingemordet durch die Kurzsichtigkeit und die Unentschlossenheit des deutschen Volkes.

Eine Kreuzerflotte zum Schutze des Handels: das ist das Schlagwort, hinter welchem sich diese Unentschlossenheit und Kurzsichtigkeit so versteckt, wie bei anderen Gelegenheiten hinter der Idee von internationalen Abrüstungs- und Schiedsgerichtsvorschlägen. Was heißt das eigentlich: eine Kreuzerflotte zum Schutze des Handels? Die Parallele zu dieser durch und durch thörichten Idee ist auf dem Lande etwa die folgende.

Wirtschaftlich-politische Schwierigkeiten brechen zwischen Deutschland und einem seiner kontinentalen Nachbarn aus. Man erklärt sich den Krieg, und das Deutsche Reich schickt ein paar Schwadronen oder Radfahrer-Detachements, meinetwegen mit Dynamit ausgerüstet, an die Grenze, den Feind zu schädigen, in der naiven Voraussetzung, daß er den Krieg in ähnlicher Weise führen werde.

In einer Zeit, in welcher große Seemächte vorhanden sind mit mächtigen Schlachtflotten, in welcher eine Reihe anderer Staaten in rapider Entwicklung zu ähnlicher Seemacht begriffen sind, ist es geradezu ein Wahnsinn, noch länger anzunehmen, daß der Besitz einer Kreuzerflotte irgend etwas anderes als die Gewißheit der schwersten Verluste an Menschenleben, der Verschwendung aller auf sie verwandten Mittel und die politische Ohnmacht Deutschlands bedeuten könne.

Schiffe, welche nach den besten Erfahrungen der Zeit konstruiert, die denkbar stärksten Schlachteinheiten darstellen, mit der vorzüglichsten Bewaffnung versehen, in entsprechendem Maßstabe mit Aufklärungsfahrzeugen umgeben und in großer Zahl vorhanden sind: gewähren einzig die Möglichkeit der friedlichen Fortentwicklung der deutschen Arbeit, der weiteren Existenz Deutschlands als souveränes Staatswesen im 20. Jahrhundert.

Die Bedingung, daß die Flotte immer vollständig auf der Höhe der Zeit gehalten werden muß, schließt die Notwendigkeit ein, daß die Hauptmasse wenigstens in einer verhältnismäßig kurzen Zeit gebaut und daß Vorsorge für einen regelmäßigen Ersatz getroffen werden muß.

Wird das Princip der Einheitlichkeit nur insofern gewahrt, als die wirkliche Flotte, abgesehen von den Aufklärungsschiffen, aus Schlachtschiffen von starker Gefechtskraft besteht, so bedeutet die Differenzierung in den einzelnen Schlachtschiffstypen mit einer Tendenz zu steter rechtzeitiger Nutzbarmachung der neuesten Erfahrungen gegenüber dem bisher beobachteten Verfahren einen doppelten Vorteil: die Schlachtflotte in ihren neuesten Schiffen ist vollzählig oder fast vollzählig eine Flotte der modernsten Konstruktion; die etwas älteren Schiffe dagegen, da sie auch als starke Gefechtseinheiten gebaut sind, können nie so sehr den Charakter der Brauchbarkeit verlieren, wie es bei dem Arbeiten mit vielfach verschiedenen Schiffstypen, vom Kreuzer bis zum Schlachtschiffstyp, bisher der

Fall sein mußte. Jedes Schlachtschiff, das aus der vordersten Linie durch eine neue, bessere Konstruktion verdrängt wird, bleibt doch noch ein sehr wertvoller Bestandteil einer Reserveflotte, die ältesten Schiffe gewissermaßen einer Landwehrflotte, welche in der Nähe der heimischen Küsten wenigstens die vortrefflichsten Dienste werden leisten können.

Verwendung der verfügbaren Mittel zum Bau nur erstklassiger Schlachtschiffe unter der Maßgabe, daß zur richtigen Zeit Neubauten eintreten, sichert der Flotte dieselben Vorteile, wie sie die Armee durch die Linien=, Reserve= und Landwehr=Formation besitzt.

Wenn auch infolge neuer Konstruktionen, was ja nicht mit absoluter Notwendigkeit einzutreten braucht, schnell aufeinander folgend Neubauten notwendig werden für die scharfe Schlacht auf der hohen See, fern von den deutschen Küsten, so bleiben die in Reserve und Landwehr zurückgesetzten Schlachtschiffe doch immer noch ein Vierteljahrhundert und länger als ein beweglicher Eisenpanzer für die deutschen Küsten, welche in Verbindung mit der schweren Zugänglichkeit derselben sie für jeden Feind unbezwinglich zu machen imstande sind, verfügbar.

Ist so die Frage nach der Qualität der Flotte dadurch entschieden, daß stärkste Schlachtschiffe in Verbindung mit einer Flottille von Aufklärungsschiffen gebaut werden müssen, so erübrigt sich noch die Frage nach der Quantität der Flotte.

Die wirtschaftlichen Gesichtspunkte sollen zunächst ganz ausgeschieden bleiben. Es kann sich nur darum handeln, die taktischen und strategischen Gesichtspunkte maßgebend sein zu lassen. Bei jedem Seekriege sind in jedem Augenblicke zwei Möglichkeiten gegeben, von denen alle Einzelheiten nur Specialfälle darstellen, die sich als Gesamterscheinung und auch als Specialerscheinungen vielfach kreuzen können:

Die Flotte des Gegners geht offensiv vor mit der Absicht, die vaterländische Flotte im Kampf zu zerstören, in der Richtung auf die vaterländischen Küsten, sodaß nach erfolgtem Siege, nach erfolgter

Niederzwingung der vaterländischen Flotte, die Blockade sich anschließen kann.

Oder: die feindliche Flotte geht offensiv gegen die heimische Flotte in Kolonialgewässern und nach Niederzwingung gegen diese Kolonien vor.

Die Möglichkeit muß vorhanden sein, diesen Avancen des Gegners gegenüber den Kampf aufzunehmen; diese Möglichkeit geht aber dann, wenn die eigene Stärke erst ganz hergestellt ist, in die bessere über, eigenerseits das Schlachtfeld zu bestimmen, d. h. nach gesichertem Schutz der heimischen Küsten mit der Hauptflotte konzentriert oder dezentralisiert zur Offensive auf den Gegner vorzugehen.

Die beiden Aufgaben, die also gestellt sind, lauten: Sicherung der Küsten gegen die Offensive des Feindes und Mittel, der Offensive des Feindes auf hoher See durch eine Schlachtflotte zu begegnen, bezw. den Gegner an seinen Küsten zum Kampf mit einer Schlachtflotte aufzusuchen.

Die eigentümliche Natur der heimischen Küste ist nun so geartet, daß gegenüber einer selbst sehr starken feindlichen Flotte sie im großen und ganzen sich selbst eine Zeit lang verteidigen kann, besonders dann, wenn eine verhältnismäßig kleine Streitmacht stärksten Charakters und auf der Hochsee, aber doch in unmittelbarer Nähe der Küste, verwendet, in die Verteidigung mit hineingezogen wird.

Die Flotte, wie sie Deutschland nach Fertigstellung des Flottengesetzes haben wird, wird diesen Aufgaben im allgemeinen entsprechen können. Mit der Zeit indessen, in einem Kriege auch von nur kurzer Frist würde die Flotte geschlagen, die Schwierigkeiten der Küsten überwunden und Deutschland der Gnade des Siegers überliefert werden, falls diese Defensivflotte allein auf die Dauer die Last des Kampfes zu tragen hätte.

Nur ein einziges Mittel giebt es, diesen Ausgang zu vermeiden, um jeden Angriff auf die deutschen Küsten und auf das Deutsche Reich überhaupt als fast unmöglich erscheinen zu lassen, ober, wenn er doch erfolgen sollte, ihn in einen Angriffsfeldzug gegen den Friedensstörer umzudrehen: eine Schlachtflotte von sechs Geschwadern, welche entweder, wie die Verhältnisse dieses erzwingen, geschlossen feindlichen Angriffen entgegentreten oder den Feind aufsuchen kann, die aber auch bei solcher Stärke imstande ist, notwendige Detachierungen gegen Detachierungen von Seite des Feindes vorzunehmen, um womöglich an allen Stellen der Erde, wo große deutsche Interessen sind, aktiv aufzutreten.

Eine Flotte von solcher Größe neben der auf Grund des Gesetzes von 1898 geschaffenen, Defensivzwecken dienenden, Flotte kann dauernd nicht gut, selbst von der Flotte Englands, übertroffen werden, und in den Händen deutscher Seeleute unter Ausnutzung der besonders günstigen Verhältnisse der deutschen Meere würde sie imstande sein, auch Kombinationen, wie Rußland-England oder England-Frankreich oder England-Amerika erfolgreich entgegenzutreten.

Andrerseits besitzt sie genügende Ausdehnung, damit aus ihr mit der Zeit und in nicht allzulanger Zeit eine Verstärkung der Defensivflotte in der vorher angedeuteten Weise, als einer Reserve- und Landwehrflotte, vorgenommen werden kann, welche je länger, je mehr, je größer der deutsche Reichtum wird, je empfindlicher auch jede nur vorübergehende Schädigung der deutschen wirtschaftlichen Arbeit wäre, die deutschen Küsten ganz unangreifbar machen würde, ohne daß es dazu der Mitwirkung der Schlachtflotte bedürfte, die vielmehr ihre ganze Thätigkeit auf die Kolonialgebiete und an die Quellen, aus denen feindliche Aktion hervorgehen kann, zu verlegen imstande wäre.

Über Größenverhältnisse kann natürlich gerechtet werden. Aber nicht ausschlaggebend kann der Gesichtspunkt sein, ob ein oder zwei Geschwader weniger oder mehr in Frage kommen müssen. Wie der Polarstern am nördlichen Himmel die Bahn weist, so muß die Idee, gegenüber der kolossalen Schlachtflotte Englands eine kolossale Schlachtflotte zu schaffen, der leitende Gesichtspunkt der ganzen Politik der nächsten Jahre in Deutschland sein — eine Flotte, welche nach menschlichem Ermessen im Kampfe den Sieg in der Hand hält und deshalb, weil dies auch für jedes fremdländische Empfinden offenkundig wäre, starke Bürgschaft des Friedens sein würde, wie sie die Armee gegenüber den Kontinentalmächten ist —: während der jetzige Stand der Flotte und eine nur mäßige Vergrößerung Verschwendung von Geld, Verschwendung von wirtschaftlicher Arbeit, frivole Verschwendung von Menschenleben, ein steter Anreiz zum Friedensbruch seitens der großen Seemächte und der gewisse Wechsel auf die Zertrümmerung Deutschlands ist, welcher von England oder von irgend einer Kombination von Seemächten in due time gebührend honoriert werden wird. Deutschland muß Protest anmelden: seine Schlachtflotte bauen. Erst wenn die Wimpel von acht Geschwadern auf Nord- und Ostsee flattern, ist auf eine ruhige Fortentwicklung der deutschen Kulturarbeit zu rechnen.

III.

Generalstandpunkt in seemännischer, technischer und wirtschaftlicher Hinsicht.

Besitzt Deutschland die Kraft zur Schaffung und Erhaltung einer solchen Flotte?

Deutschland ist nicht allein. Das Reich müßte diesen Entschluß fassen und durchführen im Angesicht der anderen Mächte. Die Annahme soll fürerst gelten, daß die anderen Mächte weggedacht werden. Jedenfalls insofern, daß sie nach dem Princip der Nichteinmischung in die Entwicklung anderer Staaten ihr politisches Verhältnis zu Deutschland nicht wesentlich ändern. Kommt so der Reichskörper allein in Frage, so handelt es sich um das Menschenmaterial, um die technische Möglichkeit und um die wirtschaftliche Spannkraft. Nach allen drei Richtungen ist an erster Stelle ein sie alle betreffender Generalstandpunkt zu gewinnen: mit welchem Deutschland muß gerechnet werden? Mit dem Deutschland von 1899 oder von 1900 oder mit dem Deutschland in seiner zukünftigen Entwicklung im 20. Jahrhundert und in diesem Falle mit der nächstfolgenden oder mit den zwei oder drei folgenden Generationen, also bis zum Jahre 2000 hin?

Die Geschichte giebt eine ganz bestimmte Anregung für die Gewinnung des richtigen Generalstandpunkts.

Friedrich Wilhelm I. und Friedrich der Große setzten ihre Armeen nicht in ein Verhältnis zur Stärke der gerade lebenden Generationen, zur konstant gedachten Kapazität der Volkswirtschaft, geschweige zu irgend einem Teil der volkswirtschaftlichen Interessen.

Diesen Fehler begehen diejenigen, welche heute die Flotte auf 50 Millionen Deutsche und auf den Teil der deutschen volkswirtschaftlichen Interessen in Beziehung setzen wollen, welche durch die Exportinteressen und die Interessen der deutschen Kapitalisten im Auslande dargestellt werden.

Es handelt sich um die Entwicklung Deutschlands in der Zukunft, um die Entwicklung seiner ganzen Volkswirtschaft, um den Bestand seiner politischen Macht, seiner Existenz als souveräner Staat.

Jenen Fehler beging das Preußen Friedrich Wilhelms II., Friedrich Wilhelms III. Es glaubte die Sicherheit des Staats auf einen kleinen Schatz und auf eine von alters her überkommene, der Epoche von 1800 gegenüber bereits klein gewordene Armee gründen zu können, deren Bewaffnung und Ausrüstung mit den Fortschritten der Zeit nicht parallel entwickelt worden war.

Clausewitz hat die richtigen Worte gefunden, solchen fehlerhaften Zustand der Dinge zu kennzeichnen: Darum mußte Preußen zusammenbrechen, weil es auf so beschränkter Basis seine Rüstung festhielt, „während sich neben ihm Frankreich als eine Nation von Kriegern unter Anspruchnahme der ganzen Nationalkraft auswuchs". Preußen besaß nur eine Gewehrfabrik. Die Fertigstellung von 200 000 Gewehren wurde im Angesicht des drohenden Krieges auf eine längere Anzahl von Jahren verteilt. „Hätte es einen Kriegsminister mit gehöriger Machtvollkommenheit gegeben" — — „so würde man sich überzeugt haben, daß ein Staat, der im Begriff ist, einen Krieg auf Tod und Leben zu führen, große Vorräte an Waffen braucht, — — — daß für ein Heer von 230 000 Mann eine Fabrik, die nicht mehr als 2000 Gewehre im Laufe des Jahres macht, so gut wie keine ist; man würde nicht, da man die Unbrauchbarkeit der alten Gewehre erkannte, die Anschaffung neuer auf einen Zeitraum von 30 Jahren verteilt haben, in einer Zeit, wo man nicht mehr auf 30 Tage sicheren Friedens rechnen konnte; —

man würde darauf gekommen sein, das Heer dem neuen Kriegswesen und dem nahe bevorstehenden Ausbruch des Krieges angemessener einzurichten, das Heer und mit ihm den Krieg nicht auf ein paar Tonnen Goldes im Schatz, sondern auf die ganze Nationalkraft zu basieren, man würde Vorbereitungen zu außerordentlichen Maßregeln und Anstrengungen getroffen, man würde dem Geist des Volkes im voraus diese Richtung gegeben, man würde auf die wirksamsten administrativen Stellen Männer von Charakter und Entschlossenheit gebracht, kurz, man würde alle Federn stärker gespannt haben, um sich als ein großes Sparta zu zeigen."

Alles dieses that Preußen nicht und brach zusammen. Unendliche Verluste an Menschen, Stagnation der ganzen Wirtschaft, enorme Einbußen an Kapitalien, die Verwüstung des Landes weckten erst den Geist, der endlich mit dem letzten Tropfen Blut, dem letzten Groschen der Volkswirtschaft das alte Preußen wiederherzustellen wußte.

In späterer Zeit hat Clausewitz immer an diesen Gedanken festgehalten, aber die unentwickelte Kenntnis der wirtschaftlichen Zusammenhänge und die zu bescheidene Taxierung des zu erwartenden Fortschritts ließ ihn die Grenzen des Erreichbaren immer noch zu eng stecken. In seinem großen Werk prophezeit er strategisch und taktisch im allgemeinen richtig den Verlauf eines künftigen Krieges gegen Frankreich. Aber die Idee kommt in ihm gar nicht auf, daß Preußen oder ein um Österreich vermindertes Deutschland allein im stande sein könne, Frankreich niederzuwerfen. Das Ziel stellt er richtig: nach gewonnenen Feldschlachten Isolierung von Paris und fächerförmige Aufstellung von Armeen gegenüber den in den Provinzen neu entstehenden französischen Heeren, aber er rechnet auch noch für das letzte Drittel des Jahrhunderts nur mit einer mobilen Armee von 725 000 Mann, die gestellt sein würde von Deutschland, Österreich eingeschlossen, Holland, Belgien und englischer Hilfe.

Wie anders hatte sich das Verhältnis bereits im Jahre 1870 gestellt. Das Deutsche Reich ohne Österreich, ohne jede andere Hilfe, konnte über eine Million Streiter nach Frankreich werfen und aus eigener Kraft die französische Gefahr für immer brechen. Clausewitz berücksichtigte nicht voll, daß die Nationalkraft wächst mit dem Wachsen der Nation, und daß der sicherste Wechsel, welcher auf die Zukunft gezogen werden kann, derjenige ist, welcher auf die fortschreitende Bevölkerung Deutschlands, auf seine zu immer größerer Kraft erstarkende Wirtschaft und auf seine Fähigkeit, auch die kolossalsten Organisationen im alten Sinne der Ordnung und Disciplin zu errichten und aufrecht zu erhalten, gezogen wird.

Was Deutschland jetzt leistet, kommt den Kindern, Enkeln und Urenkeln zu gut. Es ist bis zu einem gewissen Grade recht und billig, daß die kommenden Generationen des Jahrhunderts von Anfang an mit berücksichtigt, mit herangezogen und mit belastet werden. Die deutsche Bevölkerung nimmt in jedem Jahr um 800 000 Menschen zu, in 10 Jahren um 8 Millionen, in 100 Jahren um 80 Millionen Menschen. Diese Zunahme der Bevölkerung kann als Minimal-Index für die Zunahme der Wirtschaft nach ihrer technischen wie nach ihrer ökonomischen Seite hin angesehen werden.

Darüber besteht heute kein Zweifel, daß die 50 Millionen Menschen in Deutschland heute in viel höherer Lebenslage sich befinden und zwar in allen und gerade in den untersten Schichten der Bevölkerung, als die 25 Millionen, die im Jahre 1816 etwa auf dem Areal des Deutschen Reichs lebten. Die volle Ausnutzung der technischen Errungenschaften steht gerade erst in den Kinderschuhen. Es ist gar keine Frage, daß 130 Millionen Menschen im Jahre 2000 in größerem Komfort leben werden, als heute die vorhandenen 50 Millionen. Um aber eher mit Minimal- als mit Maximalzahlen zu rechnen, soll von dieser Intensifikation abgesehen werden und die Annahme gelten, daß die Fortschritte der technischen und ökonomischen Wirtschaft für andere Zwecke verfügbar gehalten werden mögen, und daß nur die konstant gedachte relative Höhe der technischen und ökonomischen Wirtschaft in derselben Weise dann natürlich wächst, wie die zunehmende Bevölkerung. Die Menschenfrage ist die Voraussetzung; die technisch-wirtschaftliche Frage das Bett, in dem diese Voraussetzung Leben werden kann; die ökonomischwirtschaftliche Frage das notwendige Gefälle, welches das Bett haben muß, damit in sanfter Strömung das neue Leben der Nation zum großen Meere des Erfolges fließen kann.

Soweit die Menschen der Quantität nach in Frage kommen, sind sie einfach vorhanden. Soweit die Qualität in Frage kommt, ist das Problem jenseits des nächsten halben Menschenalters gelöst. In ihm können genügend seemännisch geschulte Kräfte und Führercharaktere herangebildet werden. Eine Schwierigkeit liegt hier nur für die ersten Zeiten des Übergangs vor. Soweit die Massen in Frage kommen, ist sie auch während des Übergangs bei der jährlich stark steigenden Bevölkerung dann ohne jede Schwierigkeit zu lösen, wenn in den nächsten Jahren auf eine starke Vergrößerung der Armee Verzicht geleistet wird. Nur die Führerfrage erfordert besondere Überlegung. Würde einfach in der Weise vorgegangen werden, daß nur auf den jungen Nachwuchs zurückgegriffen wird, so würden in der ersten Zeit selbst die höchsten Kommandostellen und vor allen Dingen die große Masse der höheren Kommandostellen von zu jugendlichen Persönlichkeiten besetzt werden. Die ganze Entwicklung dieses Führermaterials würde einen treibhausartigen Charakter zeigen, der vielleicht doch in einen Mangel an innerer Tüchtigkeit ausmünden könnte.

Hier muß ein anderer Weg eingeschlagen werden. Ein anderes Reservoir, andere Reservoire müssen für den Nachschub des Offizierkorps in seinen höheren Chargen geöffnet werden. Ein Teil der verabschiedeten Seeoffiziere wäre zu reaktivieren, ein kleiner Prozentsatz des Reserve-Seeoffizier-Korps zum aktiven Dienst heranzuziehen. Aber so tüchtig diese Elemente sein würden, so gering würde doch die Zahl sein, die in Frage kommen kann, da nur ein geringer Prozentsatz der inaktiv gewordenen Herren die Fähigkeit haben wird, mit durch die Ruhe der Inaktivität wiederhergestellter Frische wieder in die Front zu treten, und da das Gros des Reserve-Seeoffizier-Korps der Handelsmarine erhalten werden muß.

Aber ein drittes großes Reservoir ist vorhanden: die Armee: in den Chargen der älteren Leutnants und der jüngeren Oberleutnants. Die Voraussetzung wäre, daß die einzelnen Herren die Wichtigkeit der Sache ganz erkennen, daß nur solche gewählt werden, die mit voller Lust und Liebe vom Exerzierplatz auf die See gehen, und daß besondere Maßnahmen getroffen werden, um die Ausbildung auf das Allergründlichste zu gestalten. Besondere Ausbildungsschiffe müßten in Dienst gestellt werden, welche diese Kategorie, welche im übrigen ihren Dienstgrad behalten, doch in derselben Weise, wie es mit den Kadetten geschieht, von der Pike auf für den seemännischen Beruf vorbereiten. Diese Ausbildungszeit müßte sogar etwas länger dauern, vielleicht ein, zwei Jahre länger als die Ausbildung der Seekadetten, damit eine absolute Sicherheit erreicht wird. Dann aber würden diese Herren mit dem Dienstgrad in der Flotte eingestellt werden, natürlich nur, soweit sie den strengsten Anforderungen, die zu normieren wären, genügen, welchen ihre gleichalterigen Kameraden des jetzigen Seeoffizier-Korps dann einnehmen werden.

Der junge Nachwuchs an Offizieren würde dann in etwas stärkerem Maße für die Armee verwandt werden, um die in ihr entstehenden Lücken von unten auszufüllen.

Es wäre Sache der specifisch seemännischen Überlegung, ob nicht eine besonders auf diesen Zweck gerichtete Ausbildung, welche im wesentlichen ältere Leutnants umfaßt, das Gros der ausgebildeten Herren befähigt, nach etwa vier Jahren als Oberleutnant Dienst in der Flotte zu versehen.

Die technische Frage zeigt zwei Seiten: eine rein technischer und eine andere schon überwiegend wirtschaftlicher Natur. Ein großer Teil der nationalen Intelligenz und Arbeitskraft würde auf den Bau der Flotte dirigiert werden. Es wäre von dem zweiten Gesichtspunkt aus, dem technisch-wirtschaftlichen, ein großer Fehler, wenn diese Dirigierung in revolutionärer Form vor sich ginge, die besonders darin ihre Schwächen hätte, daß sie etwa für einige Jahre zahlreiche Intelligenzen und Arbeitskräfte für diesen Dienst erforderte und nach verhältnismäßig wenigen Jahren eine große Einschränkung notwendig machte. Dies muß unter allen Umständen vermieden werden. Es darf an keiner Stelle in diesem Sinne unwirtschaftlich vorgegangen werden. Vielmehr muß die Maßgabe für die Entwicklung der technischen Seite dadurch begrenzt werden, daß man von Anfang an Rücksicht nimmt auf die später notwendig werdenden Ersatzbauten — wenn nicht vollständig, so doch einigermaßen. Ganz vollständig braucht sich die Anstrengung in den ersten Jahren nicht mit dem späteren Bedarf für die Ersatzbauten zu decken, da die Handelsflotte im Laufe des Jahrhunderts immer größere Anforderungen an die Kapacität der Werften stellen wird, und da ein Teil der Anlagen bei besonders energischem Betrieb in den ersten Jahren beim Bau der Flotte selbst voll ausgenutzt werden kann.

Die rein technische Möglichkeit erscheint durch die deutsche Technik, die deutsche Industrie unter allen Umständen gegeben.

Am wichtigsten ist aber die rein wirtschaftliche Frage. Das Problem ist: den Nachweis zu liefern, daß ohne stärkere Heranziehung der Bevölkerung zu den Lasten, der Bau selbst einer gewaltigen Flotte möglich ist, nach der alleinigen, durch die Entwicklung des Jahrhunderts gesicherten Erfahrung, daß sich die Bevölkerung im Laufe des 20. Jahrhunderts etwas mehr als verdoppeln wird, wobei noch garnicht darauf Rücksicht genommen ist, daß nach der Erfahrung desselben 19. Jahrhunderts Hand in Hand mit dieser steigenden Bevölkerung eine relativ stärkere Steigerung des Einkommens und der Steuerkraft einsetzen muß.

Wenn Deutschland die Lehre von Clausewitz, die Lehre der Geschichte beherzigt, so ist es verpflichtet, den Entschluß zur Schaffung und Erhaltung dieser starken Flotte zu fassen, falls sie, ohne im geringsten die Entwicklung der nationalen Wirtschaft zu hemmen, auf diese basiert werden kann.

Die technische Möglichkeit, und wie sich zeigen wird, die wirtschaftliche Möglichkeit ist ohne jede Frage vorhanden. Worauf es ankommt, ist nur der Entschluß — worauf es ankommt, ist nur, ob Deutschland diesen Entschluß fassen wird, in oder nach furchtbaren Verlusten, die ihm fremde Vergewaltigung, solange es keine solche Flotte besitzt, schlagen muß — oder ob es diesen Entschluß in weiser Voraussicht, ungedrängt durch die Not, und deshalb in der bequemsten und billigsten Weise ausführbar fassen wird.

Den Angriffen derjenigen Leute, welche, wie in jedem früheren Falle, auch diesmal behaupten werden, daß die Belastung der Wirtschaft durch solche Rüstungen den Fortschritt der deutschen Volkswirtschaft unmöglich mache, kann ein für alle mal dies eine entgegengesetzt werden.

Bei jeder Gelegenheit haben die Vertreter der Gegnerschaft der zweckmäßigen Organisation von Armee und Flotte den Niedergang der deutschen Wirtschaft durch die steigenden Rüstungen vorausgesagt.

Die Rüstungen sind gestiegen, die Leistung der Steuerkraft ist thatsächlich schärfer angespannt worden, aber immer nur bis zu einem solchen Grade, daß sie verhältnismäßig gering ist gegenüber der Belastung, welcher die anderen Großstaaten ihre Bevölkerung unterworfen haben.

Nichts ist schwieriger als eine Vergleichung der Finanzen und des Grades, in welchem die Steuerkraft herangezogen ist, zwischen den verschiedenen Staaten. Der erste Fachmann auf diesem Gebiete, Adolf Wagner[1], hat unwiderlegt — und mehr — unwiderleglich nachgewiesen, daß unter Berücksichtigung aller Umstände, auch der Kommunalsteuern, Deutschland die günstigsten Verhältnisse aufweist. Er kommt zu dem Ergebnis: „daß wir nach unseren Ausgabezweigen und Einnahmearten eine weit günstigere Finanzlage als unsere wirtschaftlichen und politischen Konkurrenten haben; daß wir mit Steuern fast durchweg weniger, meist viel weniger belastet sind als jene; daß es uns also an Finanzmitteln, an bereits vor-

---

[1] Vgl. die Aufsätze Adolf Wagners vom 1. 1., 22. 1. und 15. 1. 98. in der Zukunft.

handenen oder leicht zu eröffnenden Quellen nicht im mindesten fehlt, um notwendige allgemeine Reichs- und Staatszwecke, deren Kosten sich außerdem reichlich in gesteigerter wirtschaftlicher Kraft reproduzieren, finanziell durchzuführen." Er weist unwiderleglich nach, daß der Preuße für den (freilich fälschlich) sogenannten unproduktiven Aufwand des Staates für Schuld, Heer und Flotte ca. 7,4 Mark auf den Kopf, der Bayer ca. 12,8 Mark an Steuer zahlen muß — der Franzose 38 bezw. 35 Mark: d. h. er wird durch Steuern für diese Staatsausgaben 5 mal stärker als der Preuße, 3 mal stärker als der Bayer belastet. Der Engländer ist für Wehrzwecke 4—4½ mal mehr als der Preuße, über 2½ mal mehr als der Bayer per Kopf durch Steuern belastet, der Westösterreicher doppelt so stark als der Preuße, ⅓ mehr als der Bayer. Noch ungünstiger steht Italien. Auch Rußland ist ungünstiger gestellt als wir. „Wir haben," so erwidert Adolf Wagner andrerseits auf die Frage, ob unsere Steuern drückend sind, an der Hand seines umfassenden Materials, „die erträglichste Steuerverfassung, die ohne durchschlagende Bedenken noch einer großen Entwicklung und Einnahmesteigerung fähig ist."

Und mehr: Hand in Hand mit dieser steigenden Belastung der Volkswirtschaft durch die Armee ist die deutsche Volkswirtschaft enorm gewachsen. Gewiß soll nicht gesagt werden: durch die Armee. Hundert Ursachen sprechen mit, von denen jede einzelne im gleichen Maße und in steigendem Maße auch weiter mitsprechen wird, — insofern aber jedenfalls durch die Armee, daß sie thatsächlich den Frieden für Deutschland in diesen 28 Jahren gesichert hat.

Die starke Flotte wird mit der Armee zusammen für das 20. Jahrhundert das erfüllen, was die Armee für die ersten 28 Jahre des Bestehens des Deutschen Reichs geleistet hat. In ihrem Besitz ist Deutschland unangreifbar. Recht behalten hat jeder, der in den letzten 28 Jahren für die Armee- und Marineforderungen von dem Gesichtspunkt aus gestimmt hat: daß sie die Entwicklung der Wirtschaft nur in der allergünstigsten Weise beeinflussen. Vollkommen ad absurdum geführt sind diejenigen, welche behaupteten, Deutschland würde unter seinen Rüstungen ersticken.

Wir haben die Menschen, wir haben die Technik, wir haben das Geld, und es ist Verbrechen und Verrat am Vaterlande, wenn wir nicht einen angemessenen Teil unseres Nationaleinkommens für das, was fehlt, für die Schiffe, verwenden.

IV.

Entwurf für Bau und Erhaltung einer Schlachtflotte von 57 Linienschiffen, 15 großen und 36 kleinen Kreuzern.

Nur in allgemeinen Zügen ist bisher angedeutet worden, auf welcher wirtschaftlichen Basis die Schaffung einer so starken Flotte thunlich ist. Dem praktischen Bedürfnis kann natürlich eine solche allgemeine Fassung nicht genügen. Es ist notwendig, in Einzelheiten nachzuweisen, daß es sich nicht um utopistische Wünsche, sondern um realisierbare Thatsachen handelt. In keinem Fall soll irgend welcher Überstürzung hier das Wort geredet werden. Keinenfalls erscheint es notwendig, die Vollendung der Flotte, wie sie nach dem 1898er Gesetz beschlossen worden ist, zu beschleunigen. Denn das Ziel ist ja nicht der Krieg, das Ziel ist die Schaffung einer starken Flotte als Bollwerk des Friedens. **Die beschlossene Flotte wirkt in unserer der Überlegung und Vernunft zugänglichen modernen Welt genau so mit moralischer Pression wie die bereits fertiggestellte Flotte.**

Somit soll also angenommen werden, daß die 1898er Flotte im Jahre 1903 vollendet ist und daß vom Jahre 1904 ab jährlich rund 50 Millionen Mark für die Ersatzbauten flüssig zu machen sind, um diese „Defensiv"-Flotte auf dem Stande von 19 Linienschiffen, 8 Küsten=Panzerschiffen, 9 großen Kreuzern, 26 kleinen Kreuzern, der Materialreserve von 2 Linienschiffen, 3 großen Kreuzern,

4 kleinen Kreuzern und den vorgesehenen Kanonenbooten und Torpedoschiffen zu erhalten.

Im Beharrungszustande erfordert die Erhaltung dieser Flotte bei der in Aussicht genommenen Indiensthaltung eines beträchtlichen Teils derselben ein jährliches Budget von 87,4 Millionen Mark. Rechnet man hierzu noch etwa 12 Millionen für Zinsen der kleinen aufzunehmenden Anleihen und für Pensionen, so erfordert die Flotte in der Stärke des 1897er Entwurfs ein jährliches Gesamtbudget von rund 150 Millionen Mark.

Als Schlachtflotte werden sechs Geschwader gefordert. Diese sechs Geschwader würden sich in folgender Weise zusammensetzen. Rechnet man an der Hand des 1897er Gesetzentwurfs einen Teil der in ihm vorgesehenen großen und kleinen Kreuzer für die Küstenpanzer-Division und für den Auslandsdienst ab, so würde auch eine Schlachtflotte von 17 Linienschiffen reichlich bedacht sein mit 5 großen und 12 kleinen Kreuzern.

Ein Doppelgeschwader würde sich also zusammensetzen aus 17 Linienschiffen, zu denen zweckmäßigerweise noch 2 Linienschiffe als Materialreserve hinzutreten könnten, also aus 19 Linienschiffen, 5 großen und 12 kleinen Kreuzern.

Im ganzen würden also 57 Linienschiffe, 15 große Kreuzer und 36 kleine Kreuzer erforderlich sein.

Um die Schlachtflotte dauernd zu erhalten, müßte von Anfang an auf ihren regelmäßigen Ersatz Bedacht genommen werden, der in gleicher Weise wie für die 1898er Flotte in der Weise gefordert werden müßte, daß ein Linienschiff nach 25 Jahren, ein großer Kreuzer nach 20 Jahren, ein kleiner Kreuzer nach 15 Jahren ersetzt sein muß.

Für die Indiensthaltung der Schlachtflotte können die gleichen Verhältnisse angenommen werden, welche für die Indiensthaltung der Flotte nach dem 1898er Gesetz — die der Abkürzung halber mit Defensiv-Flotte bezeichnet werden soll, während die zu schaffende Flotte Offensiv-Flotte genannt werden mag — zu Grunde gelegt sind.

Die Berechnung des Personals, bezw. der Kosten für das Personal und der Kosten für Hafen= und Kasernenbauten wäre ebenfalls nach den Grundsätzen des 1898er Gesetzes zu gestalten.

Es fragt sich, ob in der Zukunft größere und stärkere Schiffe gebaut werden müssen, sodaß die jetzt angesetzten Summen von 20 Millionen Mark für ein Linienschiff, 15 Millionen Mark für einen großen Kreuzer und 4,6 Millionen Mark für einen kleinen Kreuzer zu erhöhen wären.

Dies dürfte kaum nötig sein. Sowie es sich um die Schaffung einer an Schiffen sehr zahlreichen Flotte handelt, wird man darauf verzichten können, ganz kolossale Einzelschiffe zu bauen: im Gegenteil wird der Gesichtspunkt nach Berücksichtigung drängen, der in unvernünftiger Form gegen die Schlachtflotte überhaupt geltend gemacht wird, daß es ein allzu großes Risiko ist, wesentlich größere Kapitalien, wie 20 Millionen Mark, in einem einzigen Schiff zu konzentrieren.

Es würde richtig sein, etwa 20 Millionen Mark[1] als die Maximalsumme zu bezeichnen, welche auf eine starke Gefechtseinheit zu verwenden ist, wenn solcher Gefechtseinheiten recht viele vorhanden sind, und daß bei Steigerung der Materialpreise etwa ein kleines an der Größe der einzelnen Schiffe nachgelassen werden kann. Die artilleristische Stärke darf allerdings nicht leiden, die Panzerstärke ebenso wenig.

Es wird genügen, einen Zuschlag von 10 % unter dieser Voraussetzung zu den jetzt angesetzten Zahlen hinzuzunehmen; dann würden sich die Kosten für ein Doppelgeschwader belaufen auf:

19 Linienschiffe à 22 Mill. Mk. . . =	418,00 Mill. Mk.
5 große Kreuzer à 16,5 Mill. Mk. . =	82,5 = =
12 kleine Kreuzer à 5,06 Mill. Mk. . =	60,72 = =
	561,22 Mill. Mk.

---

[1] Aber siehe S. 54 ff. und die Tabelle S. 64. Hier ergeben sich bereits für die Mitte des Jahrhunderts erhebliche verfügbare Summen, falls die Technik erheblich größere Kosten erfordern sollte.

Drei Doppelgeschwader würden erfordern 1683,66 Millionen Mark, rund 1700 Millionen Mark.

Das jährliche Budget für eine solche Flotte würde sich zusammensetzen aus den mit dem Entstehen der Flotte notwendig werdenden Aufwendungen für Hafen= und Garnisonbauten, für die Indiensthaltung und für den Ersatz der Flotte.

Auf Grundlage der Berechnungen des 98er Gesetzes kann angenommen werden, daß 75% des jährlichen Budgets für die Schlachtflotte des 98er Gesetzes zur Verwendung kommen werden. Legt man diese Zahl zu Grunde, so würde als Budget für die neue Offensiv=Flotte sich zunächst ergeben jährlich 202,5 Millionen Mark (das Budget für die 98er Flotte ist rund 90 Millionen Mark; davon 75% = 67,50 Millionen Mark, dieses 3 mal genommen = 202,5 Millionen Mark).

Hierzu würden jährlich 10 Millionen Mark für Hafen= und Garnisonbauten anzusetzen sein, sodaß das Budget 212,5 Millionen Mark beträgt. Endlich ist für den Ersatz in Aussicht zu nehmen die Summe von 76 Millionen Mark[1] jährlich, die sich in folgender Weise zusammensetzt:

4% von 418 Mill. Mk. Linienschiffe . = 16,72 Mill. Mk.
5% von 82,5 Mill. Mk. große Kreuzer = 4,125 = =
7% (statt 6⅔) für 60,72 Mill. Mk.
    kleine Kreuzer . . . . = 4,2504 = =
                                         25,0954 Mill. Mk.

Für 3 Doppelgeschwader würde sich also der Bedarf an Ersatz auf jährlich rund 76 Millionen Mark stellen.

Es wären also zunächst aufzubringen: die Kosten für den Bau der Flotte, in den ersten 17 Jahren, mit dem Bau der Flotte wachsend, ein jährliches Budget, welches sich zusammensetzt aus dem Erfordernis für Indiensthaltung, Personal, Hafen= und Garnisonbauten, wozu von 1922 ab noch, allmählich bis zum Beharrungs=

---

[1] Bezügl. 80 Mill. Mark. Siehe S. 54 ff. und die Tabelle S. 64.

stande von 76 Millionen Mark[1] aufsteigend, die Ersatzkosten für die Flotte hinzutreten.

Die Gesamtkosten belaufen sich also auf 1700 Millionen Mark für den Bau der Flotte, ein jährliches Budget von 212,5 Millionen Mark nach Fertigstellung der Flotte in den ersten 17 Jahren und von 377,5 Millionen Mark nach vollem Einsetzen der Ersatzbauthätigkeit und der Aufnahme der Amortisation der Bauanleihen.

In den Zwischenperioden bis zur Fertigstellung der Flotte steigt das Budget allmählich bis zu 212,5 Millionen Mark heran, wie es ebenso nach 1922 allmählich sich von 212,5 auf 377,50 Millionen Mark erhöht, innerhalb welcher die Bauanleihen bis 1962 getilgt werden, bezüglich auch weiterhin 377,50 Millionen Mark nach 1962, wenn man die von der Verzinsung und Amortisation frei werdenden 85 Millionen Mark für neue Zwecke der Flotte behalten will.

Das Problem ist also: 1700 Millionen Mark für den Bau der Flotte und für den Beharrungszustand 377,5 Millionen Mark für jährliches Budget über die 150 Millionen Mark, welche die Defensiv-Flotte erfordern wird, zu beschaffen[2].

Ist Deutschland in der Lage, diese Erfordernisse zu leisten?

Nach allen von der Statistik gelieferten Daten, zu deren Befestigung die Ergebnisse der in den nächsten Jahren zu erwartenden Produktionsstatistik ein Erhebliches beitragen werden, ist der Entwicklung Deutschlands in nächster Zukunft das folgende Prognostikon zu stellen:

1) die deutsche Bevölkerung wird etwa in derselben Weise, wie in den letzten Jahrzehnten, wie im Laufe des ganzen 19. Jahrhunderts, zunehmen, d. h. um etwa 1 % jährlich.

Dieser Prozentsatz ist in den letzten Jahren erheblich überschritten

---

[1] Bezügl. 80 Millionen. Siehe hierfür und für die folgenden Zahlen die Detailangaben auf S. 54 ff. und in der Tabelle.

[2] Siehe S. 54 ff. und die Tabelle.

worden. Selbst bei Nachlassen des Bevölkerungszuwachses gegenüber den Raten der letzten Jahre erscheint die Annahme, daß die Bevölkerung um 1% wachsen wird, als ein absolut sicheres Faktum.

2) Hand in Hand mit der Zunahme der Bevölkerung während des ganzen Jahrhunderts hat eine Steigerung des Einkommens der Einzelnen und des Gesamtvolkseinkommens stattgefunden. Nicht nur in dem Sinne, daß das Einkommen sich in demselben Maße wie die steigende Bevölkerung gehoben hat, sodaß also trotz des starken Anwachsens der Bevölkerung die auf den einzelnen Kopf entfallende Quote unvermindert geblieben ist, sondern darüber hinaus in dem Sinne, daß die Quote für den einzelnen Kopf sich vermehrt hat.

Bei steigender Bevölkerung hat sich z. B. in Sachsen das Einkommen pro Kopf gestellt in den Jahren

1882	1884	1886	1888
auf: 345,53	361,57	385,67	406,85 Mk.

Eine ebenso stetig steigende Tendenz zeigt Preußen. Dort stieg das Einkommen von im Jahre

1876	1888	1890
316 auf	329 auf	342 Mk. pro Kopf.

Die neuesten Untersuchungen zeigen ferner, daß diese Bewegung mit 1888 nicht zum Stillstand gekommen ist. Für Sachsen ist festgestellt, daß das Einkommen sich im Jahre 1892 pro Kopf auf 441,91 Mk. stellte gegenüber 327,41 Mk. im Jahre 1879.

Die Bevölkerung ist von 1879—1892 in Sachsen gewachsen um etwas mehr als 1%, das Einkommen dieser gestiegenen Bevölkerung pro Kopf um 34,97% im ganzen, d. h. um 3% jährlich.

Die englische Statistik ist insofern lehrreich, als sie die Bevölkerungs- und Einkommensbewegung in einer bis an den Sättigungsgrad entwickelten Volkswirtschaft zeigt.

In England nun ist das steuerbare Einkommen, das durch die verschiedenen Formen, in welchen eine Art Einkommensteuer in England erhoben wird, erfaßt wurde, gestiegen von im Jahre

   1881   1895
 11 704 Mill. Mk. auf 13 804 Mill. Mk.,

also im Laufe dieser 16 Jahre um 18 %, also etwas über 1 % pro Jahr, bei gleichzeitiger Steigerung der Bevölkerung in denselben Zeiträumen von 34,9 Mill. Köpfen auf 39,1 Mill. Köpfe, also nur um 12 %.

Die Vermehrung der Bevölkerung ist also in England etwas schwächer als in Deutschland, aber auch hier zeigt sich, daß das Einkommen etwas stärker wächst pro Kopf der Bevölkerung als diese selbst.

Aus allem geht hervor, daß es nur eine mäßige Schätzung der zukünftigen Entwicklung ist, wenn angenommen wird, daß sich Hand in Hand mit der um 1 % steigenden Bevölkerung auch das Einkommen um 1 % steigern wird. Es ist gar nicht einmal angenommen, daß pro Kopf der Bevölkerung eine Erhöhung des Einkommens stattfindet. Es ist vielmehr nur vorausgesetzt, daß es sich pro Kopf der Bevölkerung nicht vermindert — gegenüber den vorher erwähnten deutschen und englischen Zahlen eine sehr bescheidene Schätzung.

Hiernach kann aber angenommen werden, daß sich, auch ohne irgend eine Erhöhung der Anforderungen an die Steuerkraft des Volkes, die Einnahmen der Staaten und des Reichs in den nächsten Jahrzehnten jährlich um etwa 1 % steigern werden.

Es ist vielleicht möglich, daß, je weiter in das 20. Jahrhundert hinein, diese Steigerung etwas nachläßt, oder es kann dies wenigstens, um absolut sicher zu gehen, angenommen werden, so daß ein fester Satz der Steigerung der jährlichen Einnahmen vorausgesetzt wird, der natürlich dann zunächst etwa 1 % beträgt, je länger je mehr aber unter dieses 1 % heruntersinkt. Also auch hier eine Rücksicht=

nahme auf ein eventuell langsameres Ansteigen in fernerer Zukunft, die nur theoretisch gerechtfertigt erscheint, die in der Praxis aber sehr wahrscheinlich durch ein stetig anhaltendes, regelmäßiges stärkeres Steigen ersetzt werden wird. So wenigstens wird derjenige sagen, welcher die Entwicklung des 19. Jahrhunderts als Maßstab für die des 20. gelten läßt.

Wenn wir das Jahr 1904, bezw. 1905, als Ausgangspunkt nehmen, so kann angenommen werden, daß nach den gemachten Voraussetzungen sich das Einkommen des Reichs um jährlich 16 Mill. Mk. erhöhen wird. Für die ersten Jahre würde das etwa 1,06 %[1], für 1912 1 % bedeuten, das sich nun dauernd vermindert — auf bereits nur 0,870 % im Jahr 1928.

Es würde also vom Jahre 1905 an ein aus der natürlichen Vermehrung der Bevölkerung zu erwartendes erhöhtes Einkommen des Reichs nach folgender Skala zu erwarten sein:

1905	16	1917	208
1906	32	1918	224
1907	48	1919	240
1908	64	1920	256
1909	80	1921	272
1910	96	1922	288
1911	112	1923	304
1912	128	1924	320
1913	144	1925	336
1914	160	1826	352
1915	176	1927	368
1916	192	1928	384

Diese Steigerung würde gestatten, die Kosten für die Flotte, ihren Ersatz, die Amortisation der Bauanleihen und von 1962 jährlich

---

[1] Bei der Annahme, daß die ordentlichen Einnahmen im Jahre 1904 1481 Millionen Mark betragen. 1898 waren sie 1355 Millionen Mark!! Also sehr mäßige Steigerung ist von 1898—1904 vorgesehen: von nur 1,5 % jährlich.

85 Millionen für eventuelle noch neue Schöpfungen oder enorm gesteigerte Baukosten zu decken — ohne auch nur um einen Pfennig gegen heute stärkere Anziehung der Steuerschraube[1].

Es kann fraglich erscheinen, ob die Erhöhung der Bevölkerung und des Einkommens um 1 % auch in der Erhöhung des Reichseinkommens um 1 % resultieren muß. Es ist möglich, daß diese Erhöhung rein automatisch von selbst nicht eintritt.

Allerdings ist dieses Nichteintreten unwahrscheinlich. Denn da die Reichseinnahmen in ihrer Hauptmasse sich zusammensetzen aus den Erträgnissen der Zölle und der indirekten Steuern, so ist es überwiegend wahrscheinlich, ja fast sicher, daß durch die gesteigerte Bevölkerung und den gesteigerten Verkehr, durch die gesteigerte Gütermenge, welche für die Bedürfnisse aller Volksschichten in Anspruch genommen wird, rein automatisch, parallel mit der Steigerung des Einkommens der Bevölkerung, sich die Einnahmen des Reichs vermehren.

Die Entwicklung der letzten Jahre insbesondere scheint das anzudeuten, welche eine regelmäßige Steigerung der Reichseinnahmen nicht um 1 %, sondern um 3½ % aufweist, ohne daß wesentliche Änderungen in der Fundierung der Reichseinnahmen etwa die Veranlassung zu dieser Steigerung gewesen sind.

Die ordentlichen Einnahmen des Reichs betrugen im Jahre

1894	1895	1896	1897	1898
1185 Mill.	1229 Mill.	1322 Mill.	1268 Mill.	1355 Mill.

Das Jahr 1897 zeigt einen Rückschlag. Man kann aber die regelmäßige Steigerung von 3½ % dadurch herstellen, daß man 1896 und 1897 umstellt, so daß im Jahre 1896 1268 Millionen, im Jahre 1897 1322 Millionen eingesetzt werden, wodurch genau eine Steigerung von 3½ % nachgewiesen ist.

Nach aller Voraussicht wird diese Steigerung zunächst bis zum

---

[1] Siehe S. 54 ff. und die Tabelle.

Jahre 1904 anhalten, sodaß das Reichseinkommen betragen wird im Jahre

1899	1900	1901	1902	1903	1904	1905
1410	1440	1470	1500	1530	1560	1590

Millionen Mark, sodaß 16 Millionen Mark als jährliche Steigerung eine höchst mäßige Schätzung für die Zeit von 1905 bis 1950 bedeutet.

Aber selbst wenn man noch unter sie heruntergeht und annimmt, daß fortan nur eine natürliche Steigerung von 1,50 % (statt 3,50) eintreten wird, so würden die ordentlichen Reichseinnahmen 1904 1481,61 Millionen Mark betragen, übergenug, das Budget der Defensivflotte zu bestreiten. — Nimmt man von 1905 ab eine jährliche Zunahme von 16 Millionen Mark für die ordentlichen Einnahmen an, so würde das eine Steigerung um 1,06 % im Jahre 1905, von 1,057 im Jahre 1906 u. s. w., bereits von nur 0,994 % im Jahre 1912, von 0,92 % im Jahre 1920, von nur 0,87 % im Jahre 1928 u. s. w. sein: eine ohne jede Frage eintretende Steigerung. Der Prozentsatz sinkt je länger desto mehr unter 1 %, sodaß die Überschreitung in den ersten Jahren mehr als völlig kompensiert wird. Der Abkürzung und scharfen Charakteristik halber kann aber dieser Teil der natürlichen Steigerung der ordentlichen Einnahmen des Reichs — dieser Zuwachs von je 16 Millionen Mark, den der Reichsstaatssekretär der Marine braucht, um eine nützliche Flotte zu bauen und zu erhalten, mit 1 % der ordentlichen Einnahmen bezeichnet werden. —

Sollte wider Erwarten, was ja die Jahre 1901—1904 zeigen werden, die Steigerung der Reichseinnahmen auf diesem automatischen Wege nicht eintreten, so ist durch eine richtige Politik in dem Bemessen der Überweisungen an die Einzelstaaten die Möglichkeit gegeben, das Reich an den steigenden Erträgnissen des Einkommens der Einzelstaaten zu beteiligen.

Die Steigerung der Bevölkerung und des Einkommens muß notwendig in dem Rahmen der Einzelstaaten zum Ausdruck kommen.

Wahrscheinlich wird sich sowohl die Reichseinnahme als auch das Einkommen der Einzelstaaten steigern. Falls nun statistisch nachgewiesen werden kann, daß Bevölkerung und Einkommen sich um 1 % steigern, die Reichseinnahmen dagegen nur um $1/2$ oder $1/4$ %, so müßte die Überweisung des Reichs an die Einzelstaaten um so viel über 130 Millionen Mark erhöht werden, als die Ausfüllung dieses $1/2$ oder $1/4$ % bis zu 1 % erforderlich macht. Ein gesetzliches Präcedenz ist geschaffen durch das Gesetz, nach welchem für 1896/97 die Summe, welche das Reich aus den Zöllen und der Tabaksteuer zurückbehalten darf, von 130 auf 180 Millionen Mark erhöht worden ist. — Im Jahre 1898 beliefen sich die Überweisungen des Reichs an die Einzelstaaten auf 441 Millionen Mark. Hierauf sind sie von 1894 ab, wo sie 382 Millionen Mark betrugen, gestiegen. Stellt man auch diesmal 1896 und 1897 um, so ergiebt sich auch hier eine regelmäßige Steigerung, welche wenigstens ein Index für die Tendenz ist:

1894	1895	1897	1896	1898
382,8	400,1	404,05	414,5	441,32.

Die clausula Frankenstein könnte eventuell durch eine andere Regelung ersetzt werden: die Überweisungen an die Einzelstaaten wären auf 400 oder 450 Millionen Mark zu fixieren — was darüber hinaus geht, gehört dem Reich, und soweit die natürliche jährliche Zunahme seiner ordentlichen Einnahmen 1 % der des Vorjahres erreicht, bez. in den ersten Jahren 1,06 %, später 1 % und weniger —, so daß immer 16 Millionen Mark hinzutreten —, dem Staatssekretär der Marine. —

Der Bau der Flotte müßte nach den Ausführungen des Teils III in solcher Weise organisiert werden, daß jedes rapide Anschwellen der Werften u. s. w. unnötig gemacht wird, und daß nach erreichtem Beharrungszustand die Werften vollauf Beschäftigung für die Ersatzbauten haben. Nach voll erreichter Flottenstärke würden die Ersatzbauten für die Defensiv-Flotte jährlich 50 Millionen Mark, für die Offensiv-Flotte 76 bezw. 80 ¹ Millionen Mark betragen. Es würde den Werften also jährlich Arbeit im Werte von 130 Millionen Mark zugewiesen werden.

Wenn man ins Auge faßt, daß von 1904 ab jährlich 100 Millionen Mark für den Bau der Offensiv-Flotte verwandt werden, so würde in den ersten Jahren von 1904—1920 den Werften jährlich Arbeit im Werte von 50 Millionen Mark für den Ersatz der Defensiv-Flotte und 100 Millionen Mark für den Bau der Offensiv-Flotte zufallen. Vom Jahre 1921 bis zum Jahre 1925 etwa würde sich dies etwas vermindern, weil erst in geringem Maße Ersatz für die Schlachtflotte zu bauen ist. Vom Jahre 1926 ab würde aber wieder der volle Ersatz mit 80 Millionen Mark einsetzen, sodaß im Beharrungszustande die deutschen Werften jährlich 130 Millionen Mark Arbeit erhalten.

Nach den Ausführungen von Teil III ist zu erhoffen, daß für diesen Ausfall von 20 Millionen Mark gegenüber der gesteigerten Bauthätigkeit von 1901—1920 für die Werften teilweise dadurch Ersatz geschaffen werden kann, daß die Handelsflotte stärkere Ansprüche an sie stellt, bezw. daß die Werftanlagen durch den Bau der Schlachtflotte voll aufgebraucht worden sind.

In jedem Fall würde es sich hier nur um kleine Summen handeln, welche von den Werften riskiert werden, und diesem Risiko gegenüber würde das Reich in der Lage sein, für die Jahre des Stillstands durch eine Zinsgarantie entgegenzukommen, beziehungsweise — und dieses ist die eigentliche Aufgabe — würde es der Detailausführung des Planes zu überlassen sein, den Bau der Flotte eventuell auf einige Jahre weiter zu verteilen, sodaß die Einschränkung in den Jahren 1921—1925 ganz wegfällt. Es handelt sich hier ja nur um den Nachweis, daß die wirtschaftliche Möglichkeit für den Bau der Flotte überhaupt vorliegt.

Die Tabelle am Schlusse zeigt, in welcher Weise die Beschaffung der Mittel für den Bau der Flotte gedacht ist.

---

[1] Siehe S. 56.

Eine Steigerung der Reichseinnahmen um 16 Millionen Mark ist angenommen. Bleibt man bei diesen 16 Millionen Mark als Basis stehen, so gestatten sie die Aufnahme einer Anleihe von 100 Millionen Mark zu $3^{1}/_{2}\%$ und die Aufwendung des aliquoten Teils, der auf 100 Millionen Mark gebauter Flotte entfällt, das sind 12,50 Millionen Mark, wenn das jährliche Budget im Beharrungszustande 212,50 Millionen Mark beträgt.

Die Tabelle zeigt, wie sich bei jährlichem Bau von 100 Millionen Mark vom Jahre 1904 ab für die Jahre 1905—21 die Verzinsung von 100 Millionen Mark bis aufsteigend zu 1700 Millionen Mark und das Aufsteigen des Budgets auf 212,50 Millionen Mark ermöglichen läßt.

Die 1700 Millionen Mark Anleihen erfordern 59,50 Millionen Mark Zinsen, das Budget 212,50 Millionen Mark im Beharrungszustand. Hierzu treten von 1922 ab jährlich 76 Millionen Mark für Ersatzbauten. In der Tabelle sind von 1922 bis 1925 bezüglich 16—32—48—64 Millionen, und dann, um die hierdurch entstehenden 144 Millionen Differenz zu decken, bis 1961 80 statt 76 Millionen Mark eingesetzt.

In den Jahren 1922 u. s. w. steigt das Mehreinkommen des Reichs auf 288, 304 u. s. w., bis auf 384 Millionen Mark im Jahre 1928.

Diese 384 Millionen Mark gestatten nicht nur die volle Befriedigung des Gesamtbudgets, mit Einschluß der Ersatzbauten, von 352 Millionen Mark, sondern auch die Amortisation der aufgenommenen Schuld mit 25,50 Millionen Mark jährlich.

Die weitere Erhöhung des Einkommens nach 1929 kann anderen Zwecken dienstbar gemacht werden. Die Schuld wäre im Jahre 1962 amortisiert. Dadurch würden von 1963 ab jährlich 85 Millionen Mark für neue Aufgaben der Marine verfügbar. (Siehe die Tabelle.)

Es handelt sich also um zweierlei.

Erstens darum, daß der Staatssekretär der Marine Beschlag legt auf die natürliche Steigerung der Reichseinnahmen, soweit sie etwa 1% der ordentlichen Einnahmen des Vorjahrs betragen, rund auf je 16 Millionen Mark mehr jährlich, und zweitens, daß dieser Teil der Steigerung der Reichseinnahmen in der Weise fruchtbar gemacht wird, daß mit ihr von 100 zu 100 Millionen Mark im Laufe von 17 Jahren insgesamt eine Anleihe von 1700 Millionen Mark aufgenommen wird, welche, nach dem ersten Drittel des Jahrhunderts beginnend, in einem Menschenalter amortisiert werden kann, ohne daß eine Anforderung über 1% der Reichseinnahmen an ihre natürliche Steigerung erhoben wird.

Erkennt man die Notwendigkeit einer starken Offensivflotte an, so wird gar kein Zweifel darüber bestehen, daß der Reichsstaatssekretär der Marine — mutatis mutandis — der Kriegsminister, den sich Clausewitz wünschte, nicht nur das Recht, sondern die Pflicht hat, auf dieses 1% der Reichseinnahmen seine Hand zu legen.

Aufgabe der nationalen Parteien[1] ist es, den Resonanzboden für dieses Recht und diese Pflicht des Staatssekretärs der Marine abzugeben. Wenn sie diese Verpflichtung verkennen sollten, würden sie den schwersten politischen Fehler begehen, ihrer eigenen Vergangenheit ins Gesicht schlagen: der Vergangenheit, welche sie als diejenigen Parteien darstellt, welche, jede in ihrer Art, unverrückbar der rocher de bronze für die Durchsetzung der für die Sicherheit des Reichs und des Friedens notwendigen Forderungen der Regierung immer gewesen sind.

Um Sicherung handelt es sich, um Sicherung nicht gegen kontinentale, sondern gegen Seemächte. Wenn die nationalen Parteien zusammen die Führung in der Durchsetzung dieser Forderungen übernehmen, gewinnen sie das Rückgrat, mit enorm verstärkter Macht gegenüber den Parteien des Umsturzes im Innern des Vaterlandes mit aller notwendigen Energie in ganz anderer Form, als bisher leider geschehen, aufzutreten.

Was die Aufnahme der Anleihe angeht, so kann folgendes erwähnt werden.

---

[1] Zu denen das Zentrum gehört.

Deutschland kapitalisiert jährlich 3 Milliarden Mark durch Anlage, direkt oder indirekt, in industrieller Bethätigung. Was will gegen diese 3 Milliarden Mark die Summe von 100 Millionen Mark bedeuten, welche sich umsetzt in Unternehmergewinn und Arbeitslohn und Kapitalzins für alle diejenigen, welche in der Eisen-, Kohlen- und Nahrungsindustrie beschäftigt sind!

Direkt produktives Kapital wird durch diese 1700 Millionen Mark, die der Bau der Flotte erfordert, durch die weiteren jährlichen 80 Millionen Mark, welche ihre Erhaltung erfordert, allerdings nicht geschaffen.

Aber geschaffen wird durch diese Aufwendungen der sichere Rahmen, in welchem die andere friedliche Arbeit des Reichs ihre großen Erfolge erringen kann. Diese scheinbar unwirtschaftliche Verwendung ist die unerläßliche Vorbedingung der wirtschaftlichen Verwendung der anderen 2,9 Milliarden, welche die deutsche Volkswirtschaft kapitalisiert, des sicheren Einkommens und der Steigerung der 25 Milliarden Nationaleinkommen, des weiteren Aufschwungs der deutschen Wirtschaft, der deutschen Kultur, der deutschen Rasse.

Sollte Deutschland nicht im stande sein, im Laufe von 17 Jahren 1700 Millionen Mark durch Anleihen aufzubringen, ohne Störung seiner Volkswirtschaft, besonders dann, wenn diese 1700 Millionen Mark, falls es von den Anteilseignern so gewünscht wird, vom Jahre 1928 ab amortisiert werden, — wenn Frankreich von 1868 ab, insbesondere also nach dem Kriege von 1870 instande gewesen ist, 9 Milliarden Mark durch Anleihen aufzubringen, obwohl es zu gleicher Zeit schon eine andere erhebliche Schuld von etwa 15 Milliarden Mark hatte — während Deutschland heute nur 2 Milliarden Schulden hat und die Einzelstaaten ihre gesamten Schulden, insbesondere Preußen, durch Staatsbesitz fast vollständig gedeckt haben — ?

Frankreich nahm auf im Jahre

		Mill. Frcs.	Em.K.
1868	3%	450	69,25%
1870	3%	805	60,60%

		Mill. Frcs.	Em.K.
1871	5 %	2000	82,50 %
1872	5 %	3500	84,50 %
1881	3 %	1000	83,25 %
1884	3 %	350	76,60 %
1886	3 %	900	79,80 %

in Summa 9005 Millionen Mark in 19 Jahren, davon 7750 nach dem 70er Krieg!

Ich darf zurückgreifen auf die Ausführungen in Teil III. Genau so wie diejenigen ad absurdum geführt sind, welche durch die Steigerung der Armeelasten einen Rückgang der deutschen Volkswirtschaft befürchteten und diejenigen Recht behielten, welche die Steigerung der Militärlasten und ein enormes Anwachsen der deutschen Wirtschaft für wohl vereinbar hielten, so werden auch diesmal diejenigen recht behalten, welche sagen: diese Verwendung des Reichseinkommens für die Zwecke der Sicherung des Friedens wird resultieren in einem neuen, den Aufschwung von 1816—1900 vielleicht noch bei weitem übertreffenden, riesenhaften Aufschwung der deutschen Wirtschaft.

V.
Das Ausland.

Nun ist aber noch etwas anderes ins Auge zu fassen, was bisher aus der Betrachtung ausgeschieden war: die Haltung des Auslands.

Natürlich werden hunderttausend ängstliche Gemüter in den Ruf ausbrechen: „Schon das Lautwerden solcher Absichten Deutschlands wird uns die ganze Welt auf den Hals locken." Nichts verkehrter und thörichter wie dieses! Und wenn Ungeheuerliches sich ereignen sollte, — auch dann nur eine frühzeitige Herbeiführung der Entscheidung, die, wenn einmal der klare Weg gezeigt ist, ganz anders ausfallen muß, als wenn heute beim Ausbruch irgend eines Krieges noch irgend welches Schwanken sich zeigt.

Der feierliche Entschluß des deutschen Volkes, seine Schwäche ein für allemal auszubessern, wird aller Voraussicht nach, weit entfernt, die Feindseligkeit des Auslands gegen uns hervorzurufen, sich seine Anerkennung nach kurzen nervösen Zwischenfällen erzwingen.

Daß Deutschland keine Expansionsabsichten hat, daß es diese starke Flotte nur zur Wahrung des status quo, zur Erreichung des Standpunkts, Gleicher unter Gleichen zu sein, bauen will, dafür hat es als Eideshelfer seine vielhundertjährige und insbesondere die Geschichte der Jahre, in welchen es als Deutsches Reich in der modernen Welt existiert hat. Der moralische Eindruck wird in der ganzen Welt der sein, daß die Macht und Kraft der Flotte vorweggenommen ist, daß die beschlossene, aber noch nicht auf dem Wasser schwimmende Flotte dem Deutschen Reiche ein ganz anderes Gewicht von der Stunde des Entschlusses ab verleihen würde.

Nicht aus platonischer Liebe zu Deutschland wird die Welt ruhig sein, sondern aus der Beobachtung der Thatsache, daß Deutschland unter allen Umständen imstande ist, diesen seinen Willen auch durchzusetzen.

Man kann die andere Möglichkeit ins Auge fassen, daß England, was ja hier allein in Frage kommen könnte, sich der Ausführung durch Gewalt der Waffen widersetzen würde.

Die Kontinentalstaaten kommen nicht in Frage; sie werden in Schach gehalten sein durch die Armee. Es würde sonst eine Liquidation der Verhältnisse im kontinentalen Europa stattfinden, aus der Deutschland voraussichtlich im Rahmen des Dreibundes siegreich hervorgehen würde. Gewonnener Sieg würde aber bedeuten, daß wir dann unsere Flotte mit 10 Milliarden Kriegskosten, welche uns die geschlagenen Gegner zu zahlen hätten, würden bauen können.

Die Kontinentalmächte werden es sich erst gar nicht überlegen, ob sie Deutschland in den Arm fallen sollen; sie werden Gewehr bei Fuß behalten, weil die Chancen eines Sieges des Dreibundes zu große sind.

Sollte England aber, die Seemacht, selbst in Verbindung mit Amerika, uns angreifen, so würde es sich um eine Situation handeln, ähnlich der, in welcher Paris im Jahre 1870 gewesen ist, aber mit viel günstigeren Verhältnissen für Deutschland. Die ganze Kraft der jetzt bestehenden jungen Seemacht in Verbindung mit den deutschen Küsten und gestärkt durch die dann einsetzende Gesamtanstrengung Deutschlands, würde imstande sein, auch die großen feindlichen Flotten von Deutschland wegzuhalten, wie im Jahre 1870 die französische, um genügenden Spielraum dafür zu schaffen, daß Deutschland in währender Blockade seine Flotte baut.

Allerdings unter erschwerten Umständen, unter Daransetzung des Letzten.

Die Chancen sind in den Details nicht zu entwickeln, aber selbst

gegenüber der Flotte Englands und Amerikas sind sie nicht hoffnungs=
lose. Wenn die Franzosen sich hinter dem schmalen Gürtel ihrer
Forts im Jahre 1870 in Paris eine große Artillerie bauen konnten,
sollte es Deutschland nicht möglich sein, auf seinen Werften in
Danzig, Stettin und Hamburg, auch wenn draußen eine Blockade
erklärt ist, sich eine mächtige Flotte zu schaffen?

England wird es sich überlegen, ob es in dieser Form den
furor teutonicus herausfordern soll; es wird viel eher geneigt sein,
Deutschland zur See ganz mächtig werden zu lassen, weil es ganz
gewiß weiß, daß das seemächtige Deutschland nur ihm sympathische
Interessen in der Zukunft haben wird.

VI.

Schlußwort.

Bis zum Jahre 1904 sind noch fünf Jahre Zeit. Die Gedanken über die Zukunft der deutschen Flotte sind hiermit zur Diskussion gestellt. An jeden Deutschen, welches Glaubens, welcher Parteimeinung er auch immer sein möge, ergeht die Aufforderung, Stellung zu nehmen.

Berlin, 28. Mai 1899.

Der Staatsvertrag mit Spanien über Karolinen=, Palau= und Marianen=Inseln ändert wohl nichts an dem, was gesagt wurde.

Berlin, 8. Juni 1899.

Tabelle.

Jahr	1 Zunahme der Reichs- einnahme um je 16 Mill. Mark	2 Anleihe für Bau der Flotte	3 Amorti- sation der Anleihe mit 1½% von 1928 ab	4 Er- satz- bau- ten	5 Jahresbudget Verzinsung der Anleihe mit 3½%	6 Jahresbudget Indienst- stellung, Per- sonal, Hafen, Garnison- bauten ꝛc.
1904	—	100	—	—	—	—
1905	16	100	—	—	3,50	12,50
1906	32	100	—	—	7,—	25,—
1907	48	100	—	—	10,50	37,50
1908	64	100	—	—	14,—	50,—
1909	80	100	—	—	17,50	62,50
1910	96	100	—	—	21,—	75,—
1911	112	100	—	—	24,50	87,50
1912	128	100	—	—	28,—	100,—
1913	144	100	—	—	31,50	112,50
1914	160	100	—	—	35,—	125,—
1915	176	100	—	—	38,50	137,50
1916	192	100	—	—	42,—	150,—
1917	208	100	—	—	45,50	162,50
1918	224	100	—	—	49,—	175,—
1919	240	100	—	—	52,50	187,50
1920	256	100	—	—	56,—	200,—
1921	272	—	—	—	59,50	212,50
1922	288	—	—	16	59,50	212,50
1923	304	—	—	32	59,50	212,50
1924	320	—	—	48	59,50	212,50
1925	336	—	—	64	59,50	212,50
1926	352	—	—	80	59,50	212,50
1927	368	—	—	80	59,50	212,50
1928	384	—	25,50	80	59,50	212,50
1929	400	—	25,50	80	59,50	212,50
1930	416	—	25,50	80	59,50	212,50
1931	432	—	25,50	80	59,50	212,50
:	—	—	25,50	80	59,50	212,50
:	—	—	25,50	80	59,50	212,50
bis 1962	—	—	25,50	80	59,50	212,50
von 1963	—	—	—	80	—	212,50

Spalte 1 zeigt die Zunahme der Reichseinnahmen um je 16 Mill. Mark jährlich;
= 2 = die Aufnahme von je 100 Mill. Mark jährlich von 1904—20, insgesamt 1700 Mill. Mark;
= 5 = die 3½% Verzinsung der Anleihe, wachsend bis 59,50 Mill. Mark im Beharrungszustand;
= 6 = das mit dem Bau anschwellende jährliche Budget bis auf 212,50 Mill. Mark im Beharrungszustand;
= 7 = die Summe von 5 und 6, welche gleich der Steigerung in Spalte 1 ist;
= 4 u. 8. = von 1922—26 weiteres Ansteigen des Budgets um den Betrag für die Ersatzbauten. In den ersten Jahren 1922—25 ergiebt

Der von 1929 ab weiter eintretenden Steigerung

28. 5. 1899.

7	8	9	
Summe von 5 + 6 bezl. 4 + 5 + 6 = 3 + 4 + 5 + 6	Von 1922 für Ersatzbauten verfügbar — siehe: dies übertragen in Spalte 4	Von 1928 ab verfügbar für Amortisation siehe: dies übertragen in Spalte 3	
—	—	—	Die Tabelle zeigt die wirtschaftliche Möglichkeit für Deutschland, dadurch, daß der Staatssekretär der Marine von 1905 ab Hand legt auf ca. 1% d. ordentlichen Reichseinnahmen, d. h. jährlich 16 Mill. Mark, die zu erwartende natürliche Steigerung d. Reichseinnahmen, 1) bis 1920 eine Schlachtflotte von 57 Linienschiffen, 15 großen Kreuzern, 36 kleinen Kreuzern zu bauen; 2) im Beharrungszustand von 1920 ab ein Budget von 212,50 Mill. Mk. für diese Offensivflotte zu haben; 3) die 1700 Mill. Mk. Anleihe bis 1962 zu amortisieren; 4) den Ersatz der Flotte mit 80 Mill. Mk. jährlich und dauernde Arbeit für die Werften sicherzustellen; 5) nach der Amortisation von 1963 ab 85 Mill. Mk. für neue Flottenzwecke jährlich zu haben; 6) die Steigerung der Reichs= einnahme nach 1929 an= deren Zwecken zuzuführen.
16	—	—	
32	—	—	
48	—	—	
64	—	—	
80	—	—	
96	—	—	
112	—	—	
128	—	—	
144	—	—	
160	—	—	
176	—	—	
192	—	—	
208	—	—	
224	—	—	
240	—	—	
256	—	—	
272	—	—	
288	16	—	
304	32	—	
320	48	—	
336	64	—	
352	80	—	
352	—	16	
377,50	—	25,50	
377,50	—	—	
377,50	—	—	
377,50	—	—	
377,50	—	—	
377,50	—	—	
292,50	bezl. nach wie vor 377,50: da der Flotte neue Aufgaben gestellt sein werden.		

sich, da der Ersatz jährlich 76 Mill. Mark erfordert, ein Ge= samtmanko von 144 Mill. Mark; darum sind von 1926—61 [36 Jahre lang] 80 statt 76 Millionen eingesetzt, um diese 144 Millionen einzubringen. Nach 1961 können 80 Millionen bleiben, was einer Erhöhung der Baukosten um etwa 5% gleichkommt.

Spalte 3 u. 9 zeigt die Möglichkeit, von 1928 ab die Anleihe mit 1½% zu amor= tisieren: dafür sind 25,50 Mill. Mark jährlich erforderlich. Die Anleihe ist alsdann getilgt: 1962. Von da ab sind die 59,50 + 25,50 = 85 Mill. Mark jährlich für neue Aufgaben der Flotte verfügbar.

der Reichseinnahmen **bedarf die Flotte nicht!**

A. v. Wenckstern.

Printed by Libri Plureos GmbH
in Hamburg, Germany